Tätigkeitsbericht 2010/2011

WÜSTENROT STIFTUNG

Wüstenrot Stiftung
Tätigkeitsbericht 2010/2011

Prof. Dr. Wulf D. v. Lucius
Vorstandsvorsitzender

Philip Kurz
Geschäftsführer

Einführung

Vor Ihnen liegt der Bericht über die Tätigkeiten der Wüstenrot Stiftung in den Jahren 2010 und 2011.

Wir möchten Ihnen mit dieser Einführung die Stiftung mit ihren Zielen und Arbeitsschwerpunkten erläutern, die Höhepunkte im Berichtszeitraum nennen, einen Ausblick auf die Zukunft unserer Stiftungsarbeit geben und Menschen danken, die in den vergangenen zwei Jahren wesentlich zum Erfolg der Wüstenrot Stiftung beigetragen haben.

Die Wüstenrot Stiftung

Die Wüstenrot Stiftung verfolgt ausschließlich und unmittelbar gemeinnützige und mildtätige Zwecke.

Der Stiftungsverein hat zwischen 50 und 60 ehrenamtliche Mitglieder, die als Persönlichkeiten aus Kultur, Wirtschaft, Sozialwesen und Verwaltung dem öffentlichen Leben angehören. Er trägt den Namen *Wüstenrot Stiftung – Gemeinschaft der Freunde Deutscher Eigenheimverein e.V.*

Die Wüstenrot Stiftung ist eine operative Stiftung, die zur Erfüllung ihrer Stiftungszwecke eigene Projekte initiiert, konzipiert und durchführt. In begrenztem Umfang gibt sie zur Unterstützung interessanter Projekte auch finanzielle Mittel an gemeinnützige Dritte weiter.

Die Mitarbeiterinnen und Mitarbeiter bearbeiten im Jahr etwa 40 Eigenprojekte und zahlreiche Förderprojekte. Um ihre Ziele effizient zu erreichen, arbeitet die Wüstenrot Stiftung auch mit Partnern zusammen. Die Ergebnisse der Stiftungsarbeit werden der Öffentlichkeit über Publikationen, Ausstellungen und Berichte zur Verfügung gestellt.

Die Wüstenrot Stiftung ist politisch und konfessionell unabhängig und dem demokratischen Gemeinwesen verpflichtet. Sie entstand 1990 aus dem erstmals 1921 in Stuttgart konstituierten Verein *Gemeinschaft der Freunde*, der Gründerin und Trägerin der ersten deutschen Bausparkasse. Wirtschaftliche Grundlage der Stiftungsarbeit ist die über die Wüstenrot Holding AG gehaltene Beteiligung von 66 % an der Wüstenrot & Württembergische AG. Mit diesem Stiftungsvermögen ist sie eine der großen gemeinnützigen Stiftungen in Deutschland.

Im Berichtszeitraum setzte die Wüstenrot Stiftung für Eigen- und Förderprojekte ca. 10,6 Mio. EUR ein.

Stiftungsziele und Arbeitsschwerpunkte

Die Wüstenrot Stiftung entwickelt Projekte aus den Bereichen:
- Denkmalschutz und Denkmalpflege
- Kunst und Kultur
- Wissenschaft und Forschung
- Lehre, Bildung und Erziehung

Ein besonderes Anliegen der Stiftung ist die Erhaltung und Pflege des kulturellen Erbes unserer Gesellschaft. Im Fokus liegen Kulturwerte, die ohne eine Initiative der Stiftung gefährdet wären, insbesondere historisch und gestalterisch herausragende – und damit identitätsstiftende – Zeugnisse der gebauten Umwelt. Ein Schwerpunkt der baukulturellen Arbeit der Stiftung ist heute der Umgang mit Denkmalen aus der Zeit zwischen 1945 und 1980 und deren denkmalpflegerischen Besonderheiten in Bezug auf Ästhetik, Form, Funktion, Konstruktion, Materialität und energetische Eigenschaften.

Weitere Arbeitsschwerpunkte sind der demografische Wandel und die Herausforderungen, die sich für das Leben der Bevölkerung, verschiedener Altersgruppen und deren Wohn-, Arbeits- und Freizeitverhältnisse in den Städten und dem ländlichen Raum ergeben.

Die Wüstenrot Stiftung fördert die Kommunikation von Kulturwerten, um der sich verändernden Gesellschaft ihre eigenen Errungenschaften als Grundlage für eine positive Weiterentwicklung umfassend ins Bewusstsein zu bringen.

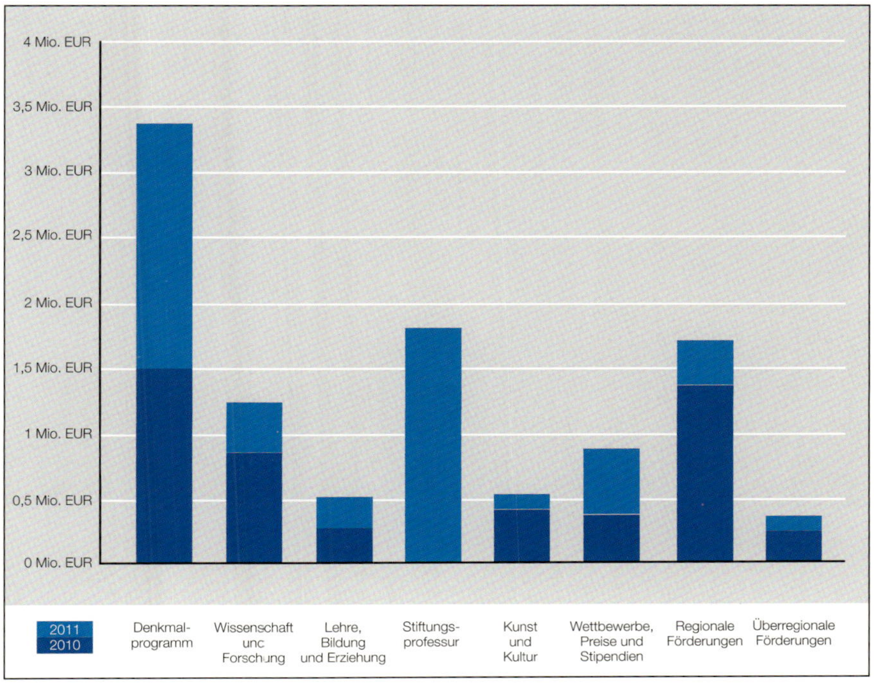

Nicht zuletzt dienen Stiftungsprofessuren und Forschungsprojekte der Förderung von Wissenschaft und Lehre in den Bereichen Architektur und Stadtentwicklung sowie der Nachwuchsförderung. Dieser dienen auch die von der Stiftung vergebenen Preise und Stipendien.

Die Wüstenrot Stiftung arbeitet interdisziplinär; sie will praxisorientierte Anstöße geben und Modelle schaffen, Beispiel sein und Nachahmer animieren, das Gemeinwohl fördern und positive Veränderungen in den Lebensverhältnissen der Menschen bewirken.

Höhepunkte der Jahre 2010 und 2011 und Ausblick

Denkmalprogramm

Auch in den Jahren 2010 und 2011 floss der wesentliche Anteil der Projekt- und Zuwendungsmittel ins Denkmalprogramm (ca. 33%). Drei Denkmalprojekte waren im Berichtszeitraum in der Umsetzung begriffen. Für zwei Denkmalprojekte – den Umlauftank 2 von Ludwig Leo in Berlin und ein Siedlerhaus von Egon Eiermann in Hettingen im Odenwald – wurden Machbarkeitsstudien begonnen. Beide Projekte sind herausragende Zeugnisse der Baukultur in Deutschland nach 1945. Über ihre Aufnahme ins Denkmalprogramm soll 2012 entschieden werden. Das Denkmalprogramm wurde u.a. flankiert von der intensiven Beschäftigung mit der Architektur des Brutalismus, um auch zur Erhaltung dieses bedrohten Teils der Baukultur der Nachkriegszeit beizutragen. Ein international besetztes Symposium im Mai 2012 in Berlin bildet den Höhepunkt dieses Projekts. Zudem werden mit der 2011 eingerichteten Webseite www.DenkmalPraxisModerne.de Architekten, Fachplanern und Denkmalpflegern im Studium und in der Praxis Anregungen bei der Erhaltung und Umnutzung bestehender Gebäude gegeben.

Wissenschaft und Forschung

Mit ihren Wissenschafts- und Forschungsprojekten greift die Stiftung auch 2010 und 2011 kontinuierlich Entwicklungen in der Gesellschaft und deren Auswirkungen auf Stadt und Land, Infrastruktur, Architektur und Wohnen auf. So wurde im Projekt „Quo Vadis Städtebauförderung“ ein fundierter Beitrag zur Diskussion über die zukünftige Ausrichtung der Städtebauförderung in Deutschland erarbeitet. Die bereits im Jahr 2008 gestartete vergleichende Untersuchung der Wechselwirkungen von Stadtentwicklung und gesellschaftlicher Integration von Jugendlichen mit Migrationshintergrund in Deutschland und Frankreich konnte 2011 mit verschiedenen Veranstaltungen und einer zweisprachigen Publikation abgeschlossen werden. Mit einer Vortragsreihe und einer Fachtagung in der Staats-

Vorstand der Wüstenrot Stiftung. v. l.: Sönnich Lassahn, Prof. Dr. Wulf D. v. Lucius, Dr. Ruth Leuze, Hans-Ulrich Schulz und Klaus W. Rösch

galerie Stuttgart wurde die Bedeutung und Wirkung von Leuchtturmprojekten in der Architektur untersucht. In zahlreichen Projekten untersucht die Stiftung zudem Grenzstandorte und Zwischennutzungen in der Stadtentwicklung, Segregationstendenzen, die verschiedenen Wohnungsmärkte in Deutschland, Einfamilienhausgebiete der 1950er- bis 1970er-Jahre und das Älterwerden in Stadtquartieren.

Lehre, Bildung und Erziehung

Im Mai 2011 schloss die Wüstenrot Stiftung eine Vereinbarung mit der Universität Stuttgart über eine Stiftungsprofessur (mit Leitungsfunktion) für Nachhaltigkeit an der Fakultät für Architektur und Stadtplanung. Die Berufung für diese Professur soll 2012 erfolgen. Die Förderdauer der Stiftung beträgt zehn Jahre.

Weitere Schwerpunkte im Bereich von Lehre, Bildung und Erziehung waren im Berichtszeitraum die Durchführung von zwei Symposien im Bereich der Fotografie, verschiedene Vortragsreihen und die Heranführung von Journalisten an das Thema Baukultur, die Erstellung von Unterrichtsmaterialien zur Baukultur für den Unterricht in allgemeinbildenden Schulen (mittlerweile von der UNESCO empfohlen) und das Projekt „ZukunftsWerkstattWohnbauen", das 2010 in Bremen stattfand und sich 2012 mit städtebaulichen und architektonischen Fragen in der Stadt Wolfsburg befassen wird. Das Projekt „Jugend pro Beruf" dient bis 2013 dazu, Haupt- und Werkrealschülern in der Region Ludwigsburg bessere Berufsaussichten zu bieten und sie in Ausbildungsverhältnisse zu begleiten.

Kunst und Kultur

Die Bewahrung und Entwicklung von Kunst und Kultur verfolgte die Stiftung mit dem Projekt „Literatur bewahren!". Dieses soll sicherstellen, dass wertvolle historische Texte dem Gedächtnis der Gesellschaft erhalten bleiben. Das Projekt „Stoffmustersammlung der Pausa-Werke in Mössingen" dient der Bewahrung einer weltweit einzigartigen Sammlung von Stoffmustern, Stoffentwürfen und Musterbüchern der 1950er- bis 1980er-Jahre.

Wettbewerbe, Preise und Stipendien

Der Gestaltungspreis 2010 „Neues Wohnen in der Stadt" zählte mit fast 500 Bewerbern wieder zu den bedeutendsten Architekturwettbewerben in Deutschland. 2012 folgt der Gestaltungspreis mit dem Thema „Zukunft der Vergangenheit – Die Erneuerung von Gebäuden der Baujahre 1945 bis 1979". Mit zwei bundesweiten Wettbewerbsprojekten „Land und Leute" prämiert die Stiftung Konzepte kleiner Gemeinden, die die Auswirkungen des demografischen Wandels aktiv gestalten. Der „Dokumentarfotografie Förderpreis" fördert 2011 und 2012 zum neunten Mal den künstlerischen Nachwuchs im Bereich der Dokumentarfotografie. Die Ergebnisse des siebten Preises wurden 2010 und 2011 nicht nur in Deutschland, sondern auch in Washington und Paris gezeigt. Den Deutschen Städtebaupreis, den Archäologiepreis Baden-Württemberg und den Denkmalschutzpreis Baden-Württemberg hat die Stiftung 2010 mit bedeutenden finanziellen Mitteln gefördert und so deren Durchführung sichergestellt. Die Förderung für das Jahr 2012 ist bereits zugesagt.

Dank

Die Arbeit der Stiftung wäre nicht möglich gewesen ohne die zahlreichen Partner und Auftragnehmer, die uns bei der Entwicklung und Durchführung unserer Projekte unterstützt haben. Ihnen gilt unser besonderer Dank. Ebenso danken wir den zahlreichen Organisationen, die selbst dem Gemeinwohl verpflichtet sind und deren Projekte wir finanziell fördern konnten. Eine Übersicht findet sich am Ende dieses Berichts.

Wir danken den Mitgliedern des Stiftungsvereins für die wohlwollende Begleitung und Unterstützung. Wir danken besonders Dr. h. c. Friedrich Pfäfflin, der zum Jahresende 2010 aus Altersgründen aus dem Stiftungsvorstand ausgeschieden ist. Mit großem Engagement hat Friedrich Pfäfflin die Arbeit der Stiftung seit seinem Eintritt in den Vorstand 1998 mitgestaltet.

Großer Dank gebührt auch Georg Adlbert, der im Sommer 2010, nach 18 Jahren als Geschäftsführer der Stiftung, in den Ruhestand getreten ist und der mit seiner Arbeit die Stiftung wesentlich geprägt hat.

Nicht zuletzt danken wir den Mitarbeiterinnen und Mitarbeitern der Wüstenrot Stiftung. Mit ihrem intensiven persönlichen Einsatz, ihrer Kompetenz, Erfahrung und Kreativität haben sie gezeigt, wie sehr sie sich mit den Zielen der Stiftung identifizieren und diese mitgestalten.

Prof. Dr. Wulf D. v. Lucius
Vorstandsvorsitzender

Philip Kurz
Geschäftsführer

Vorstand, Geschäftsführung und Mitarbeiterinnen und Mitarbeiter

Sönnich Lassahn stv. Vorstandsvorsitzender
Dr. Ruth Leuze Vorstand
Prof. Dr. Wulf D. v. Lucius Vorstandsvorsitzender
Dr. h. c. Friedrich Pfäfflin stv. Vorstandsvorsitzender bis 31.12.2010
Klaus W. Rösch Vorstand / Schatzmeister
Hans-Ulrich Schulz Vorstand seit 01.01.2011 / Schriftführer

Georg Adlbert Geschäftsführer bis 31.08.2010
Philip Kurz Geschäftsführer seit 01.09.2010

Dr. Kristina Hasenpflug Ressortleiterin
Dr. Stefan Krämer Ressortleiter

Mandana Hafezi
Inge Nestoridis
Irma Schmidt
Martina Stickel

Dr. Kristina Hasenpflug

Dr. Stefan Krämer

Mandana Hafezi

Inge Nestoridis

Irma Schmidt

Martina Stickel

Wüstenrot Stiftung als Bauherrin
- Laufende Denkmalprojekte
- Denkmalprojekte in Vorbereitung
- Fertiggestellte Denkmalprojekte
- Denkmal-Förderprojekte (Förderung > 50T€)

Denkmalprogramm

Im Rahmen ihres Denkmalprogramms übernimmt die Wüstenrot Stiftung die verantwortliche Bauherrschaft bei der Reparatur und Sanierung herausragender Baudenkmale. Sie ist dabei einem Denkmalbegriff verpflichtet, der die gesamte Bau- und Nutzungsgeschichte ernst nimmt und mit den ästhetischen Qualitäten der ursprünglichen Originalsubstanz abwägt. Die Stiftung wird dabei von einem fachübergreifend besetzten wissenschaftlichen Beirat beraten. Diesem gehören Prof. Berthold Burkhardt, Braunschweig, Prof. Dr. Adrian von Buttlar, Berlin und Prof. Dr. Norbert Huse, München an. Neben dem dringenden Sanierungsbedarf sind die Kriterien für die Aufnahme ins Denkmalprogramm: die hervorragenden Eigenschaften des Denkmals, das mit dem öffentlichen Eigentümer vereinbarte Sanierungskonzept und die von ihm nachhaltig sichergestellte und der Bedeutung des Denkmals angemessene und allgemein zugängliche Nutzung.

Ein Schwerpunkt der baukulturellen Arbeit der Stiftung ist heute der Umgang mit Denkmalen aus der Zeit zwischen 1945 und 1980, mit all ihren denkmalpflegerischen Besonderheiten in Bezug auf Ästhetik, Form, Funktion, Konstruktion, Materialität und energetische Eigenschaften.

Laufende Projekte sind die Geschwister-Scholl-Schule von Hans Scharoun in Lünen, das Stipendiatenhaus der Herzog August Bibliothek in Wolfenbüttel sowie Aula und Foyer der Weißensee Kunsthochschule Berlin. In Vorbereitung befinden sich Ludwig Leos Umlauftank in Berlin und ein Siedlerhaus von Egon Eiermann in Hettingen/Odenwald.

Bereits fertiggestellte Projekte sind Erich Mendelsohns Einsteinturm in Potsdam, Le Corbusiers Doppelhaus in der Weißenhofsiedlung in Stuttgart, Sep Rufs Kanzlerbungalow in Bonn, die Fürstengruft in Weimar, das Bugenhagenhaus in Wittenberg, das Biblische Haus in Görlitz, Walter Gropius' Meisterhaus Muche/Schlemmer in Dessau, Hans Scharouns Haus Schminke in Löbau, der Wordspeicher in Quedlinburg, das Marientor in Naumburg, das Frommannsche Anwesen in Jena, das Jan Bouman Haus im Holländischen Viertel von Potsdam, das Schabbellhaus in Wismar, Künstlerhäuser in Dresden-Hellerau und das Stadtbad in Halle. Darüber hinaus unterstützt die Stiftung die Sanierung und Revitalisierung vieler Projekte maßgeblich mit finanziellen Zuwendungen.

Darunter waren bisher die sechs barocken Torhäuser in Ludwigsburg, das Georg-Kropp-Haus und das alte Rathaus in Wüstenrot, das Schiller Geburtshaus, die Alexanderkirche und das Schiller Nationalmuseum in Marbach, Schloß Lichtenstein auf der Schwäbischen Alb, die Basilika St. Ulrich und Afra in Augsburg, die Moritzkirche in Moritzburg, St. Augustin in Grimma, die städtische Bibliothek in Pirna, St. Ulrich in Seeg, die Katharinenkirche in Stuttgart, Kloster Habsthal in Ostrach und das Konrad-Wachsmann-Haus in Niesky.

Aula und Foyer der Weißensee Kunsthochschule Berlin von Selman Selmanagi

Decke, Wände und Boden glänzten, die verschiedenen Holzarten kontrastierten zueinander, das Licht der Kronleuchter spiegelte sich in den Oberflächen. Mit feierlicher Atmosphäre empfing die Aula der Weißensee Kunsthochschule Berlin einst Studenten, Professoren und Gäste. Im Laufe einer über 50 Jahre langen Nutzungsgeschichte und intensiver Sonneneinstrahlung hatten die Materialien jedoch gelitten. Die eingesetzten Hölzer, Birnbaum, Sennesche, Palisander und Ulme, hatten sich mit der Zeit einander farblich angeglichen, der Lack war matt geworden, die Kronleuchter verschmutzt. Die Substanz war jedoch gut erhalten, so auch das deckenhohe und raumbreite Wandbild von Arno Mohr im Foyer. Nur die feste Bestuhlung, die Vorhänge und der Bodenbelag waren verloren.

1946 war die Hochschule als „Kunstschule des Nordens“ gegründet worden, im Mai 1947 genehmigte ihr die sowjetische Militäradministration in Deutschland unter dem Namen „Hochschule für Angewandte Kunst“ den offiziellen Schulbetrieb. Heute trägt sie den Namen „Weißensee Kunsthochschule Berlin“. Nach den beiden ersten Rektoren, Otto Sticht, einem Metallbildhauer, und Jan Bontjes van Beek, einem Keramiker, übernahm der bekannte niederländische Architekt und Designer Mart Stam von 1950 bis 1952 das Rektorat der Kunsthochschule. Selman Selmanagi , ein Architekt bosnischer Abstammung und Schüler von Mies van der Rohe am Bauhaus in Dessau, wurde während dieser Zeit zum Leiter der Architekturabteilung ernannt und erhielt von der Kunsthochschule den Auftrag, ein Gebäude mit Mensa und Aula zu entwerfen. 1956 wurden die neuen Räume eingeweiht, nachdem ihre Realisierung zwar von allgemein knappen Baustoffen, besonders aber vom künstlerischen Anspruch Selmanagi s und den handwerklichen Qualitäten der Deutschen Werkstätten Hellerau geprägt war. So zählen Aula und Foyer der Weißensee Kunsthochschule Berlin heute zu den herausragenden Bauwerken der Nachkriegsmoderne in der DDR und sind in die Denkmalliste des Landes Berlin eingetragen.

Die Wüstenrot Stiftung begann im Jahr 2008 mit ersten Untersuchungen und entschied sich im Jahr 2009, auf Grundlage einer Machbarkeitsstudie und nach Abstimmung des denkmalpflegerischen Konzepts mit ihrem wissenschaftlichen Beirat und dem Landesdenkmalamt Berlin, für die Aufnahme des Projekts in das Denkmalprogramm der Stiftung.

Intensive restauratorische Untersuchungen und Planungen bestimmten das Jahr 2010, so dass im Dezember 2010 die ersten ausführenden Firmen für die Sanierungsarbeiten beauftragt werden konnten. Zudem wurde zur Unterstüt-

Historische Aufnahme
(Foto: Eike Schmidt © KHB Archiv)

Detail der Holzvertäfelung vor der Sanierung
(Dieses und alle weiteren Fotos: Philipp Lohöfener © Wüstenrot Stiftung)

Neue technische Gebäudeausrüstung

Die Holzvertäfelung im Prozess der Sanierung

zung von Ausführungsentscheidungen eine erweiterte Archivrecherche im Sächsischen Staatsarchiv Dresden, im Archiv der Berlinischen Galerie, bei der Familie Selmanagi und in der Kunsthochschule selbst durchgeführt.

Im April 2011 begann die Sanierung mit der Stellung des Außengerüsts und der Montage des Wetterschutzdachs. So konnten in einem ersten Schritt sowohl der Dachstuhl instandgesetzt als auch die Dachdeckung erneuert, der schadhafte Estrich in der Aula entfernt, ein neuer Gussasphaltestrich eingebracht sowie mit der technischen Gebäudeausrüstung und den konservierenden Arbeiten am Wandbild im Foyer der Aula begonnen werden.

Die hinsichtlich ihrer denkmalpflegerischen Relevanz wesentlichen Sanierungsarbeiten wurden in der zweiten Hälfte des Jahres 2011 durchgeführt, wobei der Umgang mit der Holzausstattung eine besondere Herausforderung darstellte. Die Untersuchungen hatten ergeben, dass das Mattwerden der einst glänzenden Oberflächen zum einen durch Mikrorisse im Lack, zum anderen durch die Zerstörung des Ligninanteils der Holzfasern und der Moleküle im Lack durch Sonneneinstrahlung und Tageslicht hervorgerufen worden war. Dadurch war auch das ursprüngliche Farbspiel der Hölzer verloren gegangen. Die Beteiligten standen nun vor der Frage, ob mit Materialabtrag und neuem Lack ein dem ursprünglichen ähnlicher Zustand quasi neu hergestellt oder ob in Zusammenarbeit mit den Restauratoren eine differenzierte Vorgehensweise entwickelt werden sollte, die die Nutzungsgeschichte nicht negiert, sondern als elementaren Wesensbestandteil des Denkmals ernst nimmt. So wurden zahlreiche Musterrestaurierungen der insgesamt 28 Ausstattungselemente angefertigt – nicht nur für die Holzoberflächen an Wänden und Decke, sondern auch für die Polymethylmethacrylatgitter seitlich der Bühne, für das bauzeitliche Rednerpult und auch den Blüthner Konzertflügel, der seit Eröffnung der Aula auf der Bühne stand. Vielfältige Ausführungsvorschläge wurden diskutiert und letztendlich fiel die Entscheidung auf eine Behandlung, die auf Materialverlust ganz verzichtete. Die Holzoberflächen wurden zuerst umfassend gereinigt und regeneriert, um die Durchdringung des Lacks mit Licht zu verbessern. Anschließend polierte der Restaurator mit einem Ballen von Hand eine neue, dünne Schicht auf die Holzoberfläche auf. So können heute die verschiedenen Farbtöne der Hölzer zwar nicht so deutlich erkannt werden wie 1956, jedoch ist der Glanzgrad dieser Zeit wieder sichtbar. Zudem blieb mit den zahlreichen Bestandsschichten auch die Befragbarkeit des Denkmals für spätere Zeiten und neue Fragestellungen erhalten.

Fenster, Beschläge und Fenstergriffe von Aula und Foyer konnten – von wenigen Ausnahmen abgesehen – ebenfalls erhalten und instandgesetzt werden. Die Glasscheiben

Dachstuhl

Die sanierte Aula mit neuer Bestuhlung

Sanierung – Blick von der Bühne

Bühne

wurden mit einer Schutzfolie versehen, die den UV-Anteil im Innenraumlicht um 95 Prozent verringert, um der Holzverfärbung und der erneuten Rissbildung im Lack vorzubeugen. Die Holzbekleidung der Decke, die sich im Lauf der Jahre von der Unterkonstruktion gelöst und um mehrere Zentimeter gesenkt hatte, wurde raumseitig – trotzdem weitgehend unsichtbar – nachbefestigt.

Da die Aula nicht museal, sondern als lebendiger Teil der Hochschule genutzt werden soll, gehörte zu den denkmalpflegerischen Leistungen auch eine Modernisierung der technischen Gebäudeausrüstung, insbesondere der Lüftungsanlage und der Stark- und Niederstromanlagen. Die Kronleuchter der Aula und die Leuchter im Foyer wurden instandgesetzt und wieder mit 60-Watt-Leuchten bestückt.

Der bauzeitliche Bodenbelag aus Igelit – ein typisches DDR-Produkt, das heute nicht mehr hergestellt wird – war leider nicht zu erhalten, da der darunterliegende Estrich seine Festigkeit verloren hatte und ersetzt werden musste. Von Ende Oktober bis Anfang November 2011 wurde deshalb ein Linoleumbelag verlegt, der dem ursprünglichen Bodenbelag in seiner Armutung ähnlich ist.

Für das Jahr 2012 stehen noch die Einregulierung der technischen Anlagen und die Einbringung neuer Vorhänge, die auf Basis von Befunden neu hergestellt werden. Um den Raum flexibel und nach heutigen Anforderungen nutzen zu können, kommt eine gepolsterte oder gar feste Bestuhlung, wie die seit Jahren verlorene Reihenbestuhlung des Ursprungszustands, nicht mehr in Frage. Stattdessen wird auf einen sehr einfachen und leichten Stuhl eines kleinen Betriebs aus Stendal zurückgegriffen, der bereits seit Jahren in vielen anderen Räumen der Kunsthochschule verwendet wird.

Am 3. Februar 2012 sollen die sanierte Aula und das Foyer im Rahmen eines Symposiums, einer Ausstellung, eines Festakts und einer Ehemaligen- und Studentenfeier wiedereröffnet werden.

(Projektlaufzeit 2009 – 2012)

Wandbild im Foyer von Arno Mohr

Die Aula der Weißensee Kunsthochschule erstrahlt in neuem Glanz

Sanierung – Blick auf die Bühne

Geschwister-Scholl-Gesamtschule in Lünen von Hans Scharoun

Was bei dieser Schule materiell als Form und Ausdruck zu sehen ist, ist auf den ersten Blick nicht spektakulär. Auch wenn uns gerade das heute zu Lobeshymnen hinreißt. Das Wesen und der Wert dieser Schule liegen in dem, was zwischen Wänden, Böden und Decken geschieht. Vielleicht ist das bei jeder Schule so. Aber kaum eine andere Schule bietet in so einfacher und besonderer Weise genau die Räume, die den ganzen Sinngehalt der Bauaufgabe „Schule" abbilden; die den Bedürfnissen der Kinder und der Lehrer Rechnung tragen; die bis heute in dieser Perfektion kaum wieder erreicht wurden.

Die Geschwister-Scholl-Gesamtschule in Lünen ist für den Schulbau weltweit beispielgebend und nimmt in der Architekturgeschichte Deutschlands nach 1945 einen besonderen Platz ein. Auch heute noch ist sie brandaktuell und fortschrittlicher als die meisten neueren Schulen. Seit 1985 ist sie Denkmal im Sinne der Denkmalschutzgesetze des Landes Nordrhein-Westfalen und gilt als kulturelles Erbe, das zu bewahren und an die Nachwelt weiterzugeben ist.

Hans Scharoun wollte mit dem Entwurf dieser Schule – bis 1975 war es ein Mädchengymnasium – den Schülerinnen eine Umgebung bieten, die ihre geistige und seelische Entwicklung unterstützt. Sie sollten sich in ihrem Schulgebäude wohlfühlen, das Wesen der sozialen Familie – wie Scharoun es nannte – erfahren und die Schule als „von Schülern selbst zu gestaltende Lebensstätte, also nicht nur eine von den Erwachsenen organisierte Anstalt" erfahren, wie es ein ehemaliger Schulleiter ausdrückte.

Aus diesem Gedanken leitet sich die sogenannte Klassenwohnung ab, in der die Schüler lernen, arbeiten und leben können. Jede dieser Wohnungen besteht aus einem Vorraum mit Garderobe und Waschbecken als Eingangsbereich, einem Klassenraum, einer Raumnische mit der Funktion eines Gruppenraums sowie einem drei oder vierseitig umgrenztem Atriumhof. Die Klassenwohnungen sind, je nach Altersstufe, unterschiedlich gestaltet. Acht Klassenwohnungen bilden den Klassentrakt – von Scharoun „Schulschaft" genannt – für die Unterstufe, also die 10- bis 13-jährigen Kinder. Die sechs Klassenwohnungen der 13- bis 16-Jährigen bilden die zweite Schulschaft. „Sie haben es arg schwer mit sich – sie bedürfen der Abschirmung. Was liegt da näher, als dem Schulgehäuse ein wenig die Form eines Klosters einzuverleiben", sagte Scharoun dazu in einem Vortrag. Im Obergeschoss befindet sich die Schulschaft der Oberstufe sowie die Musik-, Werk- und Zeichenräume. Die 16- bis 19-Jährigen sollten die Schule auch nicht über den Haupteingang, sondern, als fast erwachsene Menschen, den gleichen Eingang wie die Lehrer benutzen. Für Scharoun war die Schule nicht nur zur Wissensvermehrung da, sondern auch zur Erlebnisvermittlung und Bewusstseinsbildung.

Eine etwa 100 Meter lange Schulstraße, die durch Richtungswechsel der Raumachsen, durch Wandscheiben, Treppen, Stützen und Pflanzen gegliedert ist, bildet das Rückgrat der Schule. An deren Westseite liegen, direkt neben dem Haupteingang, die fünfeckige Aula, die Schülerbibliothek und etwas weiter zur Mitte hin, der großzügige Zugang zum Schulhof. Die naturwissenschaftlichen Fachräume liegen als Einzelkörper an ihrer Nordseite.

Südansicht ca. 1964
(Foto © Fotosammlung Hans-Jürgen Korn)

Flur im Obergeschoss mit Wandbild
(Foto: Eva Schwarz © Wüstenrot Stiftung)

Flur im Erdgeschoss
(Foto: Eva Schwarz © Wüstenrot Stiftung)

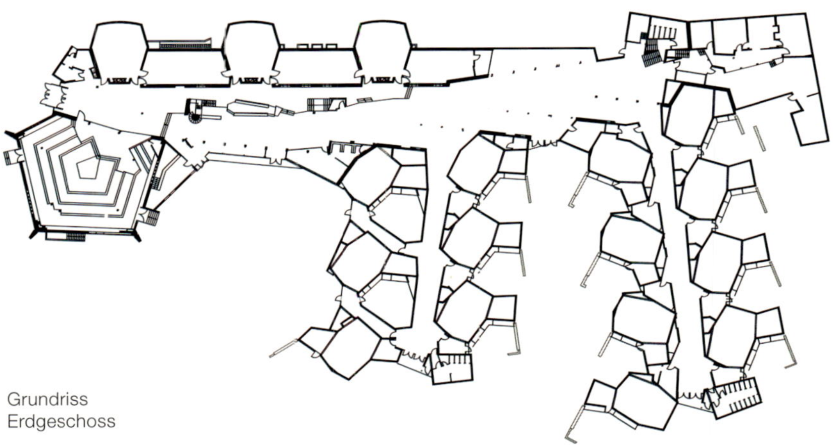

Grundriss
Erdgeschoss

Grundriss
Obergeschoss

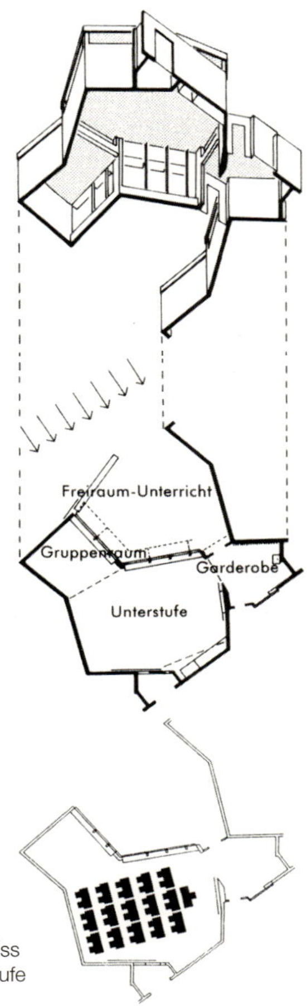

Grundriss
Unterstufe

Trinkbrunnen, Sitzbänke, Infotafeln und Schaukästen unterstreichen den öffentlichen Charakter. Eher klein gehalten sind die Verwaltung und das Lehrerzimmer, die am östlichen Ende der Schulstraße neben dem Lehrereingang liegen.

2007 wurde eine Machbarkeitsstudie erstellt und das Projekt ins Denkmalprogramm der Wüstenrot Stiftung aufgenommen. Im ersten Halbjahr 2010 wurde eine Klassenwohnung beispielhaft saniert.

Ein Schwerpunkt der gesamten Sanierungsarbeiten liegt auf dem Farbkonzept, denn jeder Raum war ursprünglich unter-schiedlich ausgestaltet worden, Wand- und Deckenflächen im Laufe der Jahre jedoch oft überstrichen. Verlust der Festigkeit von bauzeitlichem Anstrich und PCB-Belastungen, vermutlich aus Farbanstrichen der 1970er- und 1980er-Jahre, führen in vielen Bereichen zu einem aufwendigen Umgang mit den gestrichenen Oberflächen. Ziel des gewählten Verfahrens ist es, die bauzeitliche Schicht ohne Zerstörung zu erhalten, zu sichern und für neue Anstriche vorzubereiten. Aufschluss über die originalen Farbtöne ergaben umfangreiche restauratorische Untersuchungen und die archivarische Auswertung von Unterlagen, unter anderem im Archiv der Akademie der Künste in Berlin. Zahlreiche Wandgemälde in den Fluren und in der Schulstraße – einst von Schülerinnen und Schülern gemalt und von einem Künstlerpaar vergrößert auf die Wände übertragen – werden restauratorisch bearbeitet und geschützt. Der Linoleumboden wird für die Sanierung eigens in der bauzeitlichen Farbe neu produziert.

Eine denkmalpflegerische Besonderheit des Projekts stellt auch das bauzeitliche Heizsystem dar. Die Räume wurden ursprünglich nicht über Heizkörper erwärmt, sondern über eine zentrale Luftheizung, die über Bodenkanäle und Leitbleche den Räumen im Winter warme Luft zuführte und in jeder Klasse über ein eigenes Aggregat verfügte. Dieses System war zu Beginn der 1990er-Jahre durch konventionelle Radiatoren ersetzt worden, was aufgrund des geringeren Luftwechsels bei nicht ausreichender Lüftung zu fortschreitenden Schäden an der Bausubstanz führte. Um das Luftheizungssystem wieder instandzusetzen, wird im Technikraum jeder Klassenwohnung ein Luftheizungsgerät mit Wärmerückgewinnung eingebaut. Die Verteilungskanäle im Boden werden aufgrund von neuen Hygieneanforderungen mit Blechkanälen verkleidet. Die Stahlrohre, die zur Fensterfront führen, bleiben erhalten und werden an die neuen Blechkanäle angeschlossen. Die Leitbleche für den Luftauslass werden, wo sie verloren sind, nachgebaut.

Bei den Fenstern sind teilweise bauzeitliche, teilweise neuere Elemente vorhanden. So wurden die ursprünglichen Schwingflügel, die heute aus Gründen der Sicherheit nicht mehr erlaubt sind, schon vor längerer Zeit durch Dreh-Kipp-Fenster ersetzt. Im Rahmen der Sanierung werden die vor-

Befunduntersuchung in einem Klassenraum
(Beide Fotos: Thomas Knappheide © Wüstenrot Stiftung)

Bemusterung der Außenanlage

Farbige Unterzüge im Flur im Erdgeschoss
(Foto: Eva Schwarz © Wüstenrot Stiftung)

Kunstatelier während der Sanierung
(Foto: Thomas Knappheide © Wüstenrot Stiftung)

Klassenwohnungen mit Innenhof
(Dieses und alle weiteren Fotos: Eva Schwarz © Wüstenrot Stiftung)

Klassenwohnung – Unterrichtsraum

handenen und technisch intakten Fenster konservatorisch überarbeitet und ertüchtigt. Gläser werden, wo dies energetisch nötig und denkmalpflegerisch möglich ist, in den alten Rahmen durch neue Isolierverglasung ersetzt. Die Oberlichter waren ursprünglich mit einer Zweischeibenverglasung bestückt, ein Prismenglas innen und eine sandgestrahlte Scheibe außen. Da diese Art der Verglasung für die Raumwirkung bedeutend ist, wird auch die neue Isolierverglasung nach diesem Prinzip hergestellt.

Die vorgefundenen bauzeitlichen Leuchten werden instandgesetzt, die fehlenden rekonstruiert. Leuchten, deren ursprüngliche Form und Lichtwirkung nur auf Skizzen und Fotos erkennbar sind, wie z.B. die Leuchten in der Schulstraße, werden, wo dies aufgrund der Befundlage möglich ist, den Originalen nachempfunden. Den heutigen Anforderungen an Beleuchtungsstärke und Sicherheit wird dabei Rechnung getragen.

Im Sommer 2010 begannen die vorbereitenden Arbeiten des ersten Bauabschnitts: den Schulschaften im Osten und im Obergeschoss. Für den Unterricht während der Bauzeit wurden im Schulhof Klassencontainer aufgestellt. Bereits im Sommer 2011 waren die Arbeiten weit gediehen, konnten jedoch erst mit Einbau des neuen Bodenbelags und der Leuchten Ende 2011 fertiggestellt werden.

Nachdem die Schülerinnen und Schüler die Räume des ersten Bauabschnitts wieder beziehen konnten, begannen die Arbeiten am zweiten Bauabschnitt, der mittleren Schulschaft sowie der Musik-, Werk- und Zeichenräume im Obergeschoss. Mit dem dritten und letzten Bauabschnitt werden die Aula, die Schulstraße und die naturwissenschaftlichen Räume entlang der Schulstraße saniert. Diese Arbeiten sollen im Herbst 2012 fertiggestellt sein. Außerdem werden 2012 die Fassaden und die Außenanlagen instandgesetzt.

Die Sanierung der Geschwister-Scholl-Gesamtschule wird von der Wüstenrot Stiftung, in Verbindung mit der Eigentümerin, der Stadt Lünen, durchgeführt. Die Finanzierung der denkmalpflegerischen Maßnahmen trägt die Wüstenrot Stiftung. Die weiteren Maßnahmen werden von der Stadt Lünen sowie aus dem Investitionspakt zur energetischen Erneuerung sozialer Infrastruktur von Bund und Land finanziert.

Ende 2012 soll die Schule im Rahmen eines Symposiums, eines Schulfestes und eines Festaktes wieder eingeweiht werden.

(Projektlaufzeit seit 2007)

Eingangsbereich
einer Klassenwohnung

Anna-Vorwerk-Haus

Stipendiatenhaus der Herzog August Bibliothek in Wolfenbüttel

Das Anna-Vorwerk-Haus in Wolfenbüttel verbirgt dem Passanten auf den ersten Blick sein Alter und seine Konstruktion. Eine Jugendstil-Putzfassade nämlich prägt die zur Straße gerichtete Seite des um 1700 vom Braunschweigisch-Lüneburgischen Landbaumeister und Architekten Hermann Korb erbauten Fachwerkhauses. Paul Eyferth, Bürgermeister der Stadt und Bewohner des Hauses, ließ sie im Rahmen umfassender Modernisierungsarbeiten zu Beginn des 20. Jahrhunderts aufbringen. Heute macht die Fassade, neben schablonierten Farbfassungen und Bemalungen von Wänden und Decken, Tapetenfragmenten, zahlreichen Fenster- und Türausstattungen verschiedener Bauphasen sowie dem Balkonanbau an der Rückseite, den wesentlichen Denkmalwert des Gebäudes aus. Hinzu kommt, dass die Geschichte der Stadt eng mit der Pädagogin und Namensgeberin des Hauses, Anna Vorwerk, verbunden ist.

Das Anna-Vorwerk-Haus wurde in Stockwerkbauweise errichtet, das Eichenfachwerk ist mit Lehmflechtwerk ausgefacht. An manchen Stellen wurde die Lehmausfachung durch Ziegel ersetzt. Der Grundriss ist symmetrisch aufgebaut mit einem zentralen Eingangsbereich und zwei seitlichen Toröffnungen mit Korbbogenabschluss, von denen eine im Laufe der Zeit zu einem Fenster umgebaut wurde. Das Haus wurde 1974 durch die Gesellschaft der Freunde der Herzog August Bibliothek von der Stadt Wolfenbüttel angemietet und ihr drei Jahre später von dieser übereignet. Seitdem beherbergt es einen Teil der internationalen Forschungs- und Studienstätte für europäische Kulturgeschichte des Mittelalters und der frühen Neuzeit und dient vornehmlich den Stipendiaten. Neben Büro- und Wirtschaftsräumen befindet sich im Obergeschoss ein Veranstaltungssaal.

2008 wurde von der Wüstenrot Stiftung eine Machbarkeitsstudie erstellt und das Projekt ins Denkmalprogramm aufgenommen. Da das Haus auf der einen Seite fest auf der alten Stadtmauer von Wolfenbüttel gründet, auf der

Jugendstil-Putz-Fassade, Straßenseite
(Alle Fotos: Thomas Knappheide © Wüstenrot Stiftung)

Thermobehandlung gegen den Gescheckten Nagekäfer

anderen Seite jedoch auf weichem Schwemmland der Oker, stellen einseitige massive und fortschreitende Setzungen von bis zu 27 cm die größte bautechnische Herausforderung für den Erhalt des Gebäudes dar. So hielt der Tragwerksplaner die Standsicherheit des Anna-Vorwerk-Hauses ohne tief in die Bausubstanz eingreifende Maßnah-men für nicht mehr dauerhaft gegeben. Ferner leidet das Haus unter dem Befall von Pilzen und Ungeziefer, wie dem Gescheckten Nagekäfer. Nach einer Anpassung der ursprünglich geplanten Kosten in der ersten Hälfte des Jahres 2010 wurden die Architekten und Fachplaner Ende 2010 beauftragt und die Sanierung konnte im Jahr 2011 beginnen.

Um zuerst den Gescheckten Nagekäfer nachhaltig zu beseitigen, wurde ein Konzept entwickelt, dass ohne den Einsatz chemischer Stoffe auskommt. Dazu musste im Innern jedes einzelnen Holzelements des Gebäudes, über einen Zeitraum von 60 Minuten, eine Temperatur von mindestens 55 °C erzeugt werden. Um dies zu erreichen, wurde das Gebäude in Folie verpackt und elf Tage lang mit Warmluft aufgeheizt.

Um das Gebäude wieder dauerhaft standsicher zu machen, werden im Keller neue Bohrpfähle 12 bis 15 Meter tief in den weichen Baugrund eingebracht und auf diese neue Gründung ein Stahltragwerk von innen vor die Giebelwände gesetzt. Die Decken des Gebäudes werden zur besseren Aussteifung mit Stahlelementen zu Scheiben ausgebildet. Als weitere Maßnahme zur Vermeidung von Setzungen wird das Gebäude insgesamt leichter gemacht. Dazu werden in die Decke eingebrachte Steinlasten zurückgebaut und das Dachgeschoss künftig nur noch im Bereich des Zwerchhauses genutzt.

Um Tauwasserbildung an den Außenwänden auszuschließen und um das Innenraumklima zu verbessern, werden einzelne Wände und Zwischenräume der zu Kastenfenstern umgebauten alten Fenster temperiert, sobald eine bestimmte Temperatur unterschritten wird. Außerdem werden verschiedene Bauteile mit Dämmung versehen.

Über die Tragfähigkeit der Holzbauteile insgesamt gab ein Gutachten Aufschluss. Da sich der Zustand vieler Hölzer im Gebäude als besser herausstellte, als erwartet, können die ursprünglich angedachten Eingriffe in die Bausubstanz etwas reduziert werden. So kann glücklicherweise auch die Jugendstilfassade komplett erhalten werden, lediglich partiell werden geschädigte Fachwerkteile ausgetauscht. Diese Arbeiten erfolgen von der Innenseite, ohne die Putzfassade von außen zu beschädigen.

Das Beleuchtungskonzept sieht vor, die funktionalen Anforderungen der zukünftigen Nutzung mit dem besonderen Wesen des Gebäudes und seiner Umgebung in Einklang zu bringen. Lichttechnisch wird trotz Büronutzung von der Straße her eher der Eindruck eines bewohnten Hauses erzeugt und auf typische Bürobeleuchtung verzichtet. Von der historischen Beleuchtung sind noch drei Kronleuchter vorhanden, die aufgearbeitet und technisch modernisiert werden. Einer wird wieder in der Mitte des Veranstaltungs-

Gründungsarbeiten

saals im Obergeschoss, die beiden anderen in repräsentativen Kommunikationsräumen ihren Platz finden. Neue Leuchten werden als solche erkennbar sein.

Ein entscheidender Aspekt der Arbeiten wird der Umgang mit den verschiedenen Farbfassungen der Putz- und Holzoberflächen sein. Auch da hier die Haltung zur Veränderungsgeschichte deutlich wird. Aufwendige restauratorische Untersuchungen wurden deshalb an allen Oberflächen durchgeführt als Grundlage für die Entscheidung, welche der vielfältigen Schichten der verschiedenen Bauteile dem Betrachter wiedergegeben, wie mit verlorenen oder zerstörten Bereichen umgegangen wird oder ob eine neue Schicht verdeutlichen soll, dass im Jahr 2012 ein neues Kapitel in der Geschichte des Anna-Vorwerk-Hauses geschrieben wird. Derzeit lassen die zur Verfügung stehenden Finanzmittel nur zu, die Farbfassungen zu sichern und mit einem neutralen Schutzanstrich zu versehen. Gestalterisches Ziel ist es jedoch, dem Nutzer und Besucher, der durch die Jugendstilfassade ins Haus tritt, auch im Entree und im Treppenhaus die Farbfassungen dieser Zeit zu bieten – und wo diese verloren sind, farblich zu ergänzen.

Das Jahr 2012 wird ganz von den umfangreichen Sanierungsarbeiten bestimmt sein, die mit den bereits 2011 vergebenen Leistungen der neuen Gründung, der Stahlkonstruktion und den Betonarbeiten beginnen und sich über die Arbeiten des Zimmerers, die Sanierung der Putzfassade, die neue Haustechnik und die Sanierung von Fenstern und Türen bis hin zu den Arbeiten an Terrazzo, Fliesen und allen weiteren Oberflächen erstrecken werden.

Die Sanierung des Anna-Vorwerk-Hauses wird von der Wüstenrot Stiftung, in Verbindung mit der Eigentümerin, der Gesellschaft der Freunde der Herzog August Bibliothek durchgeführt und zu ca. 80 Prozent finanziert. Die restlichen Finanzmittel werden vom Land Niedersachsen, von der Stadt Wolfenbüttel und von der Gesellschaft der Freunde beigesteuert.

In der ersten Hälfte des Jahres 2013 soll das Anna-Vorwerk-Haus dem Nutzer zurückgegeben und im Rahmen eines Festaktes wieder eingeweiht werden.

(Projektlaufzeit seit 2008)

Sockelbalken und spätere Niveauabsenkung

Untersuchung der Farbfassungen

Freigelegte Deckenbemalung

Tapetenfunde

Farbfreilegungen am Kamin

Rückwärtige Fachwerkfassade

Umlauftank 2 von Ludwig Leo in Berlin

Der Umlauftank 2 von Ludwig Leo zählt zum ersten Rang bundesweit schützenswerter Gebäude der Nachkriegszeit. Er gehört zur ehemaligen Versuchsanstalt für Wasserbau und Schiffbau der TU Berlin und liegt an prominenter, stadtbildprägender und weithin sichtbarer Stelle auf der Schleuseninsel am Rande der Straße des 17. Juni. Er ist fast vollständig in seinem Ursprungszustand von 1975 erhalten. Das Landesdenkmalamt und der Landesdenkmalrat von Berlin haben dem Bau höchste Priorität für seine Erhaltung eingeräumt, gleichzeitig ist diese ohne eine bauliche Reparatur und Sanierung stark gefährdet. Er ist Baudenkmal im Sinne des Denkmalschutzgesetzes des Landes Berlin.

Der 1924 geborene Architekt Ludwig Leo ist trotz seiner herausragenden Architektur in der Öffentlichkeit wenig bekannt. Seine Bauten sind nicht durch eine gemeinsame Formensprache, sondern durch geistige Grundhaltung und methodische Herangehensweise verbunden. Ästhetisch gehört Leo zur internationalen Avantgarde seiner Zeit, die geprägt war vom Brutalismus der Smithsons, den japanischen Metabolisten und Frühwerken von Sterling, Foster und Piano. Drei von seinen nur sechs realisierten Bauten wurden bereits zu seinen Lebzeiten unter Denkmalschutz gestellt. Sein Archiv hält und pflegt die Akademie der Künste Berlin.

Die Wüstenrot Stiftung will mit dem Umlauftank denkmalpflegerisches Neuland betreten; handelt es sich doch beim Umlauftank um ein besonders Unikat der 1970er-Jahre und um den spannenden Grenzbereich zwischen Architektur, Industriebau und Maschine.

Der Umlauftank 2 von Ludwig Leo, im Hintergrund die Gedächtniskirche
(Foto © TU Berlin)

Schäden am Umlauftank
(Dieses und alle weiteren Fotos: Philipp Lohöfener © Wüstenrot Stiftung)

Die erleuchtete Fassade bei Nacht

Besonders gut erhaltene originale Farbgebung

Mit einer Machbarkeitsstudie sollen in einem ersten Schritt die grundsätzlichen Möglichkeiten einer Reparatur und Sanierung ausgelotet werden. Ziel ist eine Entscheidungsgrundlage für die Aufnahme ins Denkmalprogramm der Stiftung im Jahr 2012.

Die Machbarkeitsstudie besteht aus folgenden Punkten:
- Herausarbeitung der kulturellen Bedeutung des Denkmals und Identifizierung der Verpflichtungen, die sich aus der Bedeutung ergeben
- Archivrecherche zur Sicherung und Auswertung von zeitgeschichtlichem und bauhistorischem Material sowie der Veränderungsgeschichte
- Bestandsaufnahme (Bauelemente)
- Bausubstanzuntersuchung und -bewertung (Schäden, Mängel, Defizite)
- Ermittlung der Bedürfnisse und Ziele von Eigentümer und Nutzern (Raumprogramm/Nutzungsabgrenzung/perspektivische Nutzung und Zugänglichkeit)
- Aufstellung denkmalpflegerischer Ziele
- Entwicklung von Optionen für den Umgang mit dem Denkmal
- Erstellung eines Reparatur- und Sanierungskonzepts mit Maßnahmenkatalog
- Erstellung einer Kostenschätzung und eines Terminablaufs – Vereinbarung von Rahmenbedingungen für Organisation, Durchführung, Finanzierung und Risikotragung

Prämisse für die optimale Erhaltung des Denkmals ist die Zusage der TU Berlin, den Bau langfristig im Sinne seines Ursprungszwecks weiter zu nutzen, insbesondere für Strömungsversuche für maritime Fragestellungen im Bereich der Freien Forschung aber auch für transdisziplinäre Kooperationen zwischen der Universität der Künste und der TU Berlin. Die wissenschaftliche Nutzung, der Erhalt und die notwendige Modernisierung der technischen Ausstattung sowie eine denkmal- und nutzungsgerechte Zugänglichkeit für die Öffentlichkeit werden durch die TU Berlin sichergestellt.

(Projektlaufzeit seit 2011)

Gitter im Umlauftank

Innenansicht der Versuchsstation

Innenraum

Siedlerhaus von Egon Eiermann in Hettingen (Odenwald)

„Architektur hat mit Kunst nichts zu tun, ist reine Gedankenarbeit. Architektur entsteht heute nach ökonomischen, konstruktiven und funktionellen Gesetzmäßigkeiten. Wir stehen im harten Kampf mit der Wirklichkeit. Und wenn dann noch etwas Ähnliches wie das, was man mit dem Attribut Kunst bezeichnet, dazukommt, dann kann man in seinem Leben von einem unwahrscheinlichen Glück sprechen.", sagte Egon Eiermann einmal. Und doch sind viele Bauten von Eiermann – wie die Kaiser-Wilhelm-Gedächtniskirche in Berlin, das Kanzleigebäude der Deutschen Botschaft in Washington oder das Abgeordneten Hochhaus „Langer Eugen" des Deutschen Bundestags in Bonn – prägend für die Zeit ab 1945.

Wenig bekannt ist, dass Eiermann kurz nach Kriegsende eine Siedlung für Heimatvertriebene geplant und mit Eigenleistung der Betroffenen errichtet hat: die Siedlernotgemeinschaften in Buchen-Hettingen (Odenwald). Eines dieser Gebäude, Adolf-Kolping-Straße 29, ist bis heute weitgehend im Originalzustand erhalten und konnte im September 2011 vom „Eiermann-Magnani-Dokumentationsstätte e. V." gekauft werden. Der Verein kümmert sich nun um Grundstück und Haus und plant, nach einer umfassenden Reparatur und Sanierung, ein kleines Museum einzurichten. In diesem soll die Zusammenarbeit von Egon Eiermann und Pfarrer Heinrich Magnani, der treibenden Kraft dieses Projekts von Hilfe und Selbsthilfe, präsentiert werden.

In der Begründung der Denkmaleigenschaft in der Liste der Kulturdenkmale des Landes Baden-Württemberg heißt es unter anderem: „Eiermann gelang eine Lösung, die sich nicht an ländlichen Vorbildern orientierte, sondern eine durch Einfachheit und disziplinierte Gleichmäßigkeit gekennzeichnete Moderne vertrat. Die Doppelhäuser der Siedlernotgemeinschaft Hettingen dokumentieren die Entwicklung des modernen Siedlungsbaus unter den von Not und Flüchtlingsströmen gekennzeichneten Bedingungen nach dem Zweiten Weltkrieg. Eiermanns Lösungen für Außengestaltung und Grundriss sind von einem hohen Anspruch geprägt und folgern eine ausgesprochen charakteristische Architektur. Durch die baukonstruktiven und teils auch stilistischen Neuerungen nehmen die Doppelhäuser in Eiermanns Gesamtschaffen eine wichtige Position ein. An ihrer Erhaltung besteht aus künstlerischen, wissenschaftlichen und heimatgeschichtlichen Gründen ein öffentliches Interesse."

Gesamtaufnahme der Hettinger Siedlung im Bau
(Foto © saai, Werkarchiv Egon Eiermann)

Das weitgehend original erhaltene Siedlungshaus in der Adolf-Kolping-Straße
(Alle Fotos: Philip Kurz © Wüstenrot Stiftung)

Fenster

Detail der Prüß-Verbund-Fassade

Flur im Obergeschoss

Türbeschlag

Mit einer Machbarkeitsstudie sollen in einem ersten Schritt die grundsätzlichen Möglichkeiten einer Reparatur und Sanierung ausgelotet werden. Ziel ist eine Entscheidungsgrundlage für die Aufnahme ins Denkmalprogramm der Stiftung im Jahr 2012. Die Machbarkeitsstudie besteht aus folgenden Punkten:

- Herausarbeitung der kulturellen Bedeutung des Denkmals und Identifizierung der Verpflichtungen, die sich aus der Bedeutung ergeben
- Archivrecherche zur Sicherung und Auswertung von zeit geschichtlichem und bauhistorischem Material sowie der Veränderungsgeschichte
- Bestandsaufnahme (Bauelemente)
- Bausubstanzuntersuchung und -bewertung (Schäden, Mängel, Defizite)
- Ermittlung der Bedürfnisse und Ziele von Eigentümer und Nutzern (Raumprogramm)
- Aufstellung denkmalpflegerischer Ziele
- Entwicklung von Optionen für den Umgang mit dem Denkmal
- Erstellung eines Reparatur- und Sanierungskonzepts mit Maßnahmenkatalog
- Erstellung einer Kostenschätzung und eines Terminablaufs – Vereinbarung von Rahmenbedingungen für Organisation, Durchführung, Finanzierung und Risikotragung
- Prämisse für die optimale Erhaltung des Denkmals ist die Zusage des Eigentümers, Gebäude und Garten dauerhaft als öffentlich zugängliche Dokumentationsstätte zu nutzen.

(Projektlaufzeit seit 2011)

Historischer Tapetenroller

Detail Eiermann-Regal

Denkmalpflege von Bauten der 1960er- und 1970er-Jahre in der DDR

Architektur und Städtebau der 1960er- und 1970er-Jahre werden sowohl in West- wie in Ostdeutschland in der Öffentlichkeit zumeist wenig geschätzt. Dies ist z. T. nachvollziehbar, da auch die 1960er- und 1970er-Jahre viele wenig qualitätsvolle Gebäude hervorgebracht haben, die aber oftmals stadtbildprägend sind. Trotzdem wäre es ein Fehler, die gebauten Produkte dieser Zeit über einen Kamm zu scheren, weil dadurch auch besonders hervorragende Bauten der Abrissbirne zum Opfer fallen oder so sehr umgebaut und „ertüchtigt“ werden, dass sie der Gegenwart und Zukunft als Denkmal verloren gehen. Die Diskussion wird zudem erschwert, weil diese Bauten teils in ihrer Bauqualität problematisch und in den neuen Bundesländern auch Symbol des überwundenen politischen Systems sind. Interesse wird oft erst ausgelöst, wenn Verlust droht, und bringt die Gebäude der 1960er- und 1970er-Jahre vermehrt in den Fokus einer neuen Diskussion. Die dadurch beginnende Wertschätzung – bislang weitgehend in Fachkreisen – und Beachtung durch die Landesämter für Denkmalpfle-ge, kommt jedoch oftmals zu spät.

Mit dem Projekt sollen Kriterien und Maßstäbe für die Bewertung von DDR-Architektur der 1960er- und 1970er-Jahre definiert werden und praktische und theoretische Strategien für den Umgang mit diesem gebauten Erbe herausgearbeitet werden (Best Practice Beispiele). Ein weiteres Ziel des Projekts ist die Denkmalvermittlung, also die Sichtbarmachung dieser bedrohten Baukultur auch außerhalb der Fachkreise und Kultivierung einer sensiblen Wahrnehmung, die letztendlich zur Erhaltung der herausragenden Gebäude der 1960er- und 1970er-Jahre führen soll. Abschließend soll eine rote Liste gefährdeter Bauten erarbeitet werden.

Als Ausgangspunkt des Projekts soll der Forschungsstand zu Architektur und Städtebau der 1960er- und 1970er-Jahre in der DDR analysiert und dargestellt werden in Beziehung zu anderen (osteuropäischen) Ländern gesetzt und deren wechselseitige Vernetzung historisch rekonstruiert werden.

Bei der Identifizierung und Analyse von Best Practice Beispielen soll konkret, anschaulich und nachvollziehbar dargestellt werden, wie ursprüngliche Qualitäten dieser Bauten behutsam freigelegt und mit Sensibilität an heutige Anforderungen angepasst werden können, sofern Rücksicht auf ihre Besonderheiten genommen wird. Konstruktion und Materialität, die Farbigkeit und die spezifischen Oberflächen, das dem Entwurf zugrunde liegende Raum- und Formverständnis sowie die Beziehung der Architektur zum Außenraum soll herausgearbeitet und Veränderungsprozesse dargestellt werden. Zusätzlich soll die Anpassung der Bauten an heutige Normen und Standards, die Auswirkungen von Nutzungskontinuität und Wandel und die notwendige Pflege der Bauten verdeutlicht werden.

Das Projekt soll einen wissenschaftlich fundierten Beitrag zur Erhaltung dieser Bauten leisten, indem Lösungsansätze für angemessene Sanierungen gezeigt werden und so wertvolle Anregungen für das Verständnis dieses Erbes und den Umgang damit geben.

(Projektlaufzeit seit 2011)

Denkmalpflege der Moderne

Dieses Buch ist keine simple Anleitung für die Kunst der Denkmalpflege der Moderne. Es soll auch keine neue Theorie befeuern oder die traditionellen Prinzipien der Denkmalpflege in Abrede stellen. Ganz im Gegenteil. Die Wüstenrot Stiftung will zeigen, dass gegenüber den komplexen und besonderen Herausforderungen beim Umgang mit Denkmalen der Moderne eine klare Haltung notwendig ist – und dass es dabei um nichts weniger geht als die Bewahrung von gefährdetem kulturellem Erbe unserer jüngsten Vergangenheit. Um ein Architekturerbe, dessen Werte, besonders wenn es um zeitlich nahe Bauwerke geht – heute sind es bereits auch die der 1960er- und 1970er-Jahre – noch nicht ausreichend erkannt und geschätzt werden; weder in der Gesellschaft noch in Teilen der Fachwelt. Das Buch soll die Sinne derjenigen anregen und schärfen, die mit Denkmalen der Moderne zu tun haben – also Eigentümer, Nutzer, Architekten, Fachplaner, Denkmalpfleger und interessierte Laien. Es soll im besten Fall auch Menschen sensibilisieren, die diesen Denkmalen kritisch gegenüberstehen oder denen der Schutz der sichtbaren Hülle genügt. Es soll nachdenklich machen, wenn statt einer differenzierten und eigenständigen Herangehensweise nur imitiert oder reproduziert wird.

Denkmale der Moderne altern oft anders als wir es wünschen oder erwarten. Oft anders, als es der öffentlichen Meinung gefällt. Sie verlieren an Jugend und Schönheit, an Ausstrahlung und Erkennbarkeit der Idee ihres Verfassers. Manchmal wird empfunden, sie seien niemals schön gewesen und ihr Verlust biete Chancen auf Verbesserung der gebauten Umwelt. Nicht selten nimmt die Zeit Denkmalen ihre sinnvolle Nutzung. Neue Anforderungen an ihre Funktionalität und ihre energetischen oder sicherheitstechnischen Eigenschaften legen ihnen oft unerträgliche Lasten auf. Und zu allem Übel können in der Nutzungsgeschichte neue Qualitäten entstehen, die wiederum eigenen Wert haben, den es zu bewahren gilt.

Die Wüstenrot Stiftung kümmert sich auch deshalb seit fast 15 Jahren mit Ausdauer und Leidenschaft um diese Denkmale. Unter anderem, indem sie die verantwortliche Bauherrschaft übernimmt, wenn es um deren Transformation in unsere Gegenwart und Zukunft geht. Aus den vielfältigen Erfahrungen, die dabei gemacht wurden, entstand die Idee, auch andere Praxisbeispiele und deren Konzepte zu beschreiben, zu analysieren und zu bewerten, die Prozesse und das Ergebnis der Bemühungen um diese Denkmale zu erfassen, zusammenzutragen und öffentlich zugänglich zu machen. Nach umfassender Recherche von Unterlagen und Orten sowie zahlreichen Gesprächen wurden achtzehn Praxisbeispiele gefunden und acht Themenpaare ausgewählt, die in einzelnen Beiträgen gesondert beleuchtet werden: Material und Konstruktion, Farbe und Oberfläche, Raum und Form, Architektur und Landschaft, Normen und Standards, Nutzungskontinuität und Wandel, Altersspuren und Zeitgeschichte sowie Erhaltung und Pflege.

Alle Projekte zeigen den außerordentlichen Einsatz der privaten, öffentlichen oder auch kirchlichen Eigentümer und die beeindruckende Umsetzungskompetenz der Beteiligten. Fünf der achtzehn Praxisbeispiele sind aus dem Denkmalprogramm der Wüstenrot Stiftung: Erich Mendelsohns Einsteinturm in Potsdam, Sep Rufs Kanzlerbungalow in Bonn, Hans Scharouns Landhaus Schminke in Löbau, Le Corbusiers Doppelhaus in der Weißenhofsiedlung in Stuttgart und Walter Gropius‘ Meisterhaus Muche/Schlemmer in Dessau.

Grundlage aller Maßnahmen und Eingriffe bildet die Bauforschung, um das Bauwerk kennen und verstehen zu lernen; zudem brauchen wir denkmalpflegerische, wirtschaftliche, technische, nutzungsbezogene und gestalterische Ziele in unterschiedlicher Art und Gewichtung. Am Ende stehen Pflegepläne, die die Nachhaltigkeit jeder Maßnahme sicherstellen. Es wird deutlich, dass eine schöpferische Annäherung, ein selbstbewusster Dialog mit dem Vorgefundenen, Respekt vor den Spuren der Nutzungsgeschichte und die Erhaltung der Befragbarkeit des Denkmals für spätere Zeiten und neue Fragestellungen das Wesen eines Denkmals trotz aller Verluste am ehesten erlebbar machen.

Das Projekt wurde in Zusammenarbeit mit Docomomo Deutschland, der Stiftung Bauhaus Dessau und einem kompetenten und professionellen Autorenteam entwickelt.

(Projektlaufzeit 2007 bis 2011)

Website „DenkmalPraxisModerne“

Die Erhaltung, die Modernisierung und soweit erforderlich die Umnutzung von bestehenden Gebäuden nehmen einen immer breiteren Raum im Bauvolumen in Deutschland ein und bestimmen damit zunehmend das Tätigkeitsfeld von Architekten und auch Bauingenieuren. Dabei spielen funktionale, architektonische, technische und auch finanzielle Aspekte eine wesentliche Rolle. Der Umgang mit Bestandsgebäuden erfordert Strategien und Kenntnisse, die über die Planung und die Realisierung von neuen Bauten hinausgehen, denn neben der Erfahrung mit Neuplanungen sind auch Kenntnisse historischer Bautechnologien gefragt.

An einigen Hochschulen werden inzwischen vertiefende Studiengänge zur Bauwerkserhaltung angeboten, in der Praxis greifen Zeitschriften und Buchpublikationen einzelne Aspekte des Aufgabenkomplexes auf. Doch eine Übersicht über die Einzelaspekte als auch über den gesamten Planungs- und Bauprozess fehlt bislang. Diese Lücke schließt seit 2010 die Wüstenrot Stiftung mit der Website DenkmalPraxisModerne, die Architekten, Fachplanern und Denkmalpflegeren im Studium und in der Praxis Anregungen für die individuelle, wirtschaftliche und behutsame Vorgehensweise bei der Erhaltung und Umnutzung bestehender Bauwerke gibt.

Der Schwerpunkt der Website liegt auf der Erhaltung von Bauten des späten 19. und des 20. Jahrhunderts. Die Beiträge widmen sich sowohl übergeordneten Themen wie „Denkmalpflege im 20. Jahrhundert“, „Bauforschung“ und „Denkmalrecht“, als auch den damals angewandten Technologien, Materialien und Verarbeitungsprozessen oder der Nutzungsperspektive – um nur einige Themenfelder anzusprechen. Als Fallbeispiele dienen dabei denkmalgeschützte Gebäude aus dem genannten Zeitraum, deren Sanierung sich von der allgemeinen Bauwerkserhaltung hauptsächlich dadurch unterscheidet, dass in der Denkmalpflege neben den verträglichen Instandsetzungsverfahren der Bewahrung und Vermittlung von erhaltenswerten Spuren der Geschichte ein besonderer Stellenwert zukommt.

www.denkmalpraxismoderne.de

(Projektlaufzeit seit 2010)

Villa Schminke in Löbau von Hans Scharoun (Foto: Wolfgang Reuss Berlin © Wüstenrot Stiftung)

Einsteinturm in Potsdam von Moses Mendelsohn (Foto: Wolfgang Reuss Berlin © Wüstenrot Stiftung)

Fatimakirche Kassel (Foto: © Pia Malmus Kassel)

Arbeitsamt Dessau (Foto: © Stiftung Bauhaus Dessau Roland Zschuppe)

Brutalismus.
Architekturen zwischen Alltag, Poesie und Theorie

Die Nachkriegsmoderne ist seit längerem ein Schwerpunkt der baugeschichtlichen Forschung. Diese trägt erheblich zur Fundierung des Denkmalschutzes für die Bauten dieser Zeit bei – teilweise durchaus noch im Gegensatz zur Geringschätzung dieser Architektur durch die öffentliche Meinung.

Nachdem der Erkenntnisstand der Baugeschichte zur Nachkriegsmoderne der fünfziger Jahre mittlerweile sehr hoch ist, zeichnet sich nun, analog zur fortwährenden Historisierung der jüngeren Geschichte, ein Forschungsbedarf zur weiteren Entwicklung der Moderne ab. Sowohl die zeitliche Abgrenzung der baugeschichtlichen Epochen ist hier noch unklar, als auch die unterschwelligen Verbindungen zwischen Nachkriegs- und Spätmoderne. Die Krise des Spätfunktionalismus um 1970 und die folgende postmoderne Gegenbewegung haben ihre Anfänge bereits im Herbst der Nachkriegsmoderne der 1960er-Jahre.

In dieser Übergangsphase spielt der Brutalismus eine Schlüsselrolle. Hervorgegangen aus dem Generationenkonflikt des CIAM (Congrès International d'Architecture Moderne) der späten vierziger Jahre und im Umfeld des nachfolgenden Team 10 ist der Brutalismus aus einer Aneignung und Transformation der „Heroischen Moderne" (Alison Smithson) entstanden. In den fünfziger und sechziger Jahren zwischen seinem Ursprungskontext in Großbritannien und verschiedenen nationalen Architekturkontexten von den USA bis nach Japan als ein internationales Projekt verfolgt, wurde der Brutalismus in den sechziger und siebziger Jahren integrativer Faktor einer neuen internationalen Tendenz einer Urbanität durch Dichte mit der Abkehr von der funktionellen Stadt und ihrer Funktionstrennung im Sinne Le Corbusiers. Tatsächlich ist aber auch die folgende Krise der Spätmoderne nicht unwesentlich mit der brutalistischen Ästhetik verbunden.

Brutalismus ist zunächst ein diffuses Projekt einer Generation, die mit einer fast fundamentalistischen Rückkehr zu den Materialien der Moderne und ihrer unvermittelten sinnlichen Anmutung im Béton Brut als Ästhetik der Wahrhaftigkeit zugleich eine Ethik beansprucht. Diese Ethik bezieht sich auf die alltägliche Rolle des Gebauten im Leben der Bewohner, Everyday statt High Culture. Als Theorie in der allerdings umstrittenen Kodifizierung durch Reyner Banham schien sie, damit die ursprünglichen, verlorenen Motive der Moderne endlich neu Gestalt werden zu lassen. Allerdings weist dieser Standpunkt nur einen unter vielen Begriffsherleitungen auf.

Während das Team 10, in dessen Diskussionen der Brutalismus Mitte der 1950er-Jahre kultiviert wurde, mittlerweile intensiv erforscht wird, fehlt noch eine Fokussierung des Brutalismus in Abgrenzung einerseits zur Nachkriegsmoderne und andererseits zu den sich parallel entfaltenden damaligen Strömungen wie Formalismus, Strukturalismus, Pop Architektur sowie den utopischen Ansätzen, hinsichtlich einer Erarbeitung von Kriterien und Maßstäben zur Definition und Bewertung des brutalistischen Erbes.

Der Renaissance einiger brutalistischer Motive und Theoreme in der zeitgenössischen jungen Architektur entspricht indes keine vergleichbare öffentliche Sensibilität gegenüber den gebauten Manifesten dieser Bewegung. Wie etwa der Abriss der Pimlico School oder der geplante Abriss der großen Wohnanlage Robin Hood Gardens, beide in London, signalisieren, besteht im Gegenteil auch eine konservatori-

Alison and Peter Smithson, Secondary Modern School, Hunstanton (1949-54), Alison and Peter Smithson, The Charged Void: Architecture, New York 2001; S. 56

Stadtplanungsamt Sheffield (J. Lewis Wormesley, Jack Lynn, Ivor Smith und Frederick Nicklin), Siedlung Park Hill, Sheffield (1961), Reyner Banham, Brutalismus in der Architektur, Stuttgart 1966, S. 183

Vittoriano Viganò, L'Istituto Marchiondi Spagliardi, Mailand (1959), Franz Graf, Letizia Tedeschi, L'Istituto Marchiondi Spagliardi di Vittoriano Viganò, Mendrisic; S. 191

sche Brisanz im Umgang mit dem Erbe dieser Architektur. Gegenwärtig wird der Erhalt der legendären sechziger Jahre Kirche St. Agnes in Berlin, Sinnbild einer deutschen Brutalismus-Bewegung, des ehemaligen Senatsbaudirektors Werner Düttmann verhandelt. Die aktuelle Diskussion mit ihren weitreichenden Folgen greift inzwischen auch auf die Bauten aus den 1970er-Jahren, wie u.a. auf die IBA Häuser von John Heyduk, über.

Das Forschungsprojekt erfolgt in Zusammenarbeit mit dem Karlsruher Institut für Technologie (KIT). Die These zur Relevanz des Themas ist, dass im Brutalismus in kritischer Verarbeitung von klassischer Moderne und Nachkriegsmoderne eine Laborsituation erzeugt wurde, in der langfristige Tendenzen der modernen Architektur bis heute erstmalig erprobt wurden. Neben den ästhetischen und formalen Weichenstellungen, die sich etwa im späteren Minimalismus manifestierten, haben ebenso die ethischen, also die sozialen und politischen Subtexte der brutalistischen Everyday Architecture nachhaltig spätere Diskurse in Architektur und Städtebau beeinflusst, so die an Las Vegas und Suburbia orientierte Postmoderne von Venturi, Scott Brown oder den Dirty Realism in den späten 1980er-Jahren, die in eine neue Urbanitätsdiskussion zum Urban Sprawl mündete. So gesehen ist der Beitrag zum Brutalismus auch ein Baustein in der Bilanz der neueren Architektur nach der Postmoderne.

Höhepunkt des Projekts ist ein Internationales Symposium, das im Mai 2012 in der Akademie der Künste in Berlin stattfindet. Ein wichtiges Anliegen der Veranstaltung ist, Kriterien und Maßstäbe für die Bewertung der brutalistischen Architektur zu begründen und zu erproben. Es gilt, rechtzeitig für diese bedrohte Baukultur eine sensible Wahrnehmung zu kultivieren.

Die Referenten sind Kenneth Frampton, Columbia University; Stanislaus von Moos, Yale University; Werner Oechslin, ETH Zürich; Tom Avermaete, TU Delft; Adrian v. Buttlar, TU Berlin; Dirk van den Heuvel, TU Delft; Luca Molinari, Neapel; Vladimir Šlapeta, TU Prag/TU Brno; Laurent Stalder, ETH Zürich; Jörg Gleiter, Freie Universität Bozen; Liane Lefaivre, Universität für angewandte Kunst Wien; Philip Ursprung, ETH Zürich; Stephen Bates, TU München; Beatriz Colomina, Princeton University; Joan Ockman, University of Pennsylvania Philadelphia; Ingrid Scheurmann, TU Dresden.

Das Symposium wird zunächst in Beiträgen der Elder Statesmen die Architekturtheorie sowie den Forschungsstand zum Brutalismus als theoretische geleitete Baupraxis analysieren. In Länderstudien sollen anschließende zentrale Laboratorien der brutalistischen Bewegung genauer historisch rekonstruiert werden, wobei deren wechselseitige Vernetzungen mit reflektiert werden. Als Wendepunkt, aber auch als Krisenfaktor der Spätmoderne, verweist der Brutalismus im Wesentlichen über seine eigene Zeit bis zur Gegenwart hinaus. Nicht erst seit heute werden neue Interpretationen des Brutalismus gebaut, so in der Schweiz und in Großbritannien. In seinen untergründigen, heute zunehmend wahrgenommenen Wirkungen hat er gerade gegenwärtig eine beträchtliche Konjunktur. Daher wird in einem dritten Teil der Tagung diese Wirkungsgeschichte des Brutalismus bis in die Gegenwart behandelt werden. Hierzu sollen Forschungsfelder erschlossen und Anschlussfragen formuliert werden.

Für das Projekt wurde eine eigene Website eingerichtet: www.brutalismus.com

(Projektlaufzeit seit 2011)

John Bancroft, Pimlico School, London (1967), Robert Maxwell, Neue englische Architektur, Stuttgart 1972; S. 142

Werner Düttmann, St. Agnes Kirche, Berlin (1964-67), Haila Ochs, Werner Düttmann. Verliebt ins Bauen. Architekt für Berlin 1921 – 1983, Basel/Berlin/Boston 1990, S. 131, 12: S. 135

Le Corbusier, Unité d'Habitation, Marseille (1952), Phaidon (ed.), Le Corbusier Le Grand, New York 2008; S. 422

Warschauer Straße
schlägt DSL-
Geschwindigkeit!
12,90

Wissenschaft und Forschung

Die Projekte und Fachveranstaltungen im Ressort Wissenschaft und Forschung greifen mit ihren Inhalten und Zielsetzungen die zentralen Aufgaben und Themen auf, die sich aktuell in Deutschland in den Bereichen Bauen, Wohnen und Stadtentwicklung stellen. Sie folgen dem Profil einer operativen Stiftungsarbeit, das sich in erster Linie aus den inhaltlichen Schwerpunkten zusammensetzt. Ebenso selbstverständlich gehören dazu aber auch Kriterien wie Effektivität und Effizienz, Orientierung an den Menschen, Normen und Leitlinien der Gesellschaft, Grad der Zielerreichung und eine ständige, sorgfältige Abwägung der spezifischen Möglichkeiten und Stärken, die sich aus dem Wirken einer Stiftung ergeben können.

Die wichtigsten Fragestellungen in diesen Bereichen sind komplex, vielschichtig und nicht selten widersprüchlich in einzelnen Zielsetzungen. Für die Mehrzahl der Themen lassen sich weder einfache Antworten noch Lösungen in Form von eindimensionalen Rezepten finden. Die Projekte der Wüstenrot Stiftung sind deshalb in der Regel interdisziplinär aufgebaut und mit Fachleuten aus verschiedenen Sektoren besetzt. Sie weisen außerdem einen hohen Anwendungsbezug sowie eine empirische Rückkoppelung in die Praxis und in den Alltag der Menschen auf, die mit diesen Themen beschäftigt oder von ihnen betroffen sind.

Der operative Charakter der Stiftungsarbeit wird durch eine aktive Steuerung und die inhaltliche Verflechtung zwischen den einzelnen Projekten gesichert. Interdisziplinäre Workshops – ergänzt durch externe Fachleute – zur Klärung zentraler Handlungsoptionen und zur Diskussion zentraler Erkenntnisse gehören fast immer zum Forschungsdesign; spezifische Maßnahmen der Evaluierung dienen der regelmäßigen Überprüfung der Wirkungen, die aus der Stiftungsarbeit und ihren Ergebnissen resultieren.

Alle Erkenntnisse werden von der Wüstenrot Stiftung zeitnah und mit leichtem Zugang der Öffentlichkeit zur Verfügung gestellt. Dies geschieht je nach Thema in Form von schriftlichen Veröffentlichungen und Expertisen, durch Fachveranstaltungen, über Ausstellungen oder mit Hilfe von online verfügbaren Dokumenten. Aufgrund der Komplexität der Inhalte und der Aufgaben, denen sich die Wüstenrot Stiftung bevorzugt widmet, sind die Ergebnisse oft nur ein Baustein oder ein erster Schritt auf dem Weg zu einer grundsätzlichen, anhaltenden Lösung der mit ihnen verbundenen Defizite, Herausforderungen oder Probleme. Im Idealfall können sie jedoch den Anstoß einer breiten Erörterung geeigneter Handlungsstrategien sein, an der sich die Wüstenrot Stiftung gerne beteiligt, oder sie bilden bereits den ersten Teil einer von weiteren Personen und Institutionen getragenen Bearbeitungskette.

(Foto: Thomas Wolf © Wüstenrot Stiftung)

Quo vadis Städtebauförderung – Zäsur für eine Erfolgsgeschichte?

Die Städte in Deutschland befinden sich in einer Phase des Umbruchs und der Erneuerung. Die Auswirkungen der Globalisierung, des demografischen Wandels und der wirtschaftsstrukturellen Veränderungen manifestieren sich auf der räumlichen Ebene der Städte – sowohl im Sinne von Chancen wie auch im Sinne der Kumulation von Problemen. Die in den Städten traditionell hohe Dynamik der Entwicklungen, die Vielfalt der Optionen und die Milieubegünstigung von Innovationen zählen zu den positiven Potenzialen, wogegen wachsende Disparitäten, hochverdichtete Problemlagen und enge Verflechtungen und Interdependenzen als kritische Faktoren zu betrachten sind.

Zu den zentralen Aufgaben in der Stadtentwicklung gehört es deshalb, in den kommenden Jahren einen Beitrag dazu zu leisten, den sozialen Zusammenhalt zu fördern, die ökologische und die ökonomische Tragfähigkeit zu sichern, die Folgen des Klimawandels zu überwinden und die Perspektiven für zukünftige Lebensqualität und Wohlstand zu erhalten. Ein wesentliches Instrument hierfür sind die verschiedenen Programme und Schwerpunkte im Rahmen der 1971 eingeführten Städtebauförderung. Als Rechtsgrundlage regelte die Städtebauförderung zunächst in Westdeutschland, ab 1990 dann im ganzen Bundesgebiet die umfassende Stadterneuerung als Gemeinschaftsaufgabe von Bund, Ländern und Gemeinden.

Angesichts der Aufgaben und Herausforderungen, die heute und in Zukunft bestehen, kann die Städtebauförderung inzwischen nicht mehr auf städtebauliche und gestalterische Sanierungsaufgaben beschränkt bleiben, sondern muss gezielt auch wirtschaftliche, soziale und ökologische Aspekte einbeziehen. So soll sie auch eine örtliche Identität stärken und den Wohnungsbau unterstützen, die soziale Stabilität sichern, die wirtschaftliche Leistungskraft verbessern und zum Umweltschutz beitragen.

Aktuell wird in Deutschland intensiv über die zukünftige finanzielle Ausstattung der Städtebauförderung diskutiert. Ihre zentrale Bedeutung für diejenigen Kommunen und Regionen, die von den Auswirkungen des demografischen Wandels und der wirtschaftsstrukturellen Veränderungen besonders betroffen sind, ist dabei unbestritten. Die Diskussion konzentriert sich eher auf einen Anpassungsbedarf der inhaltlichen Ausrichtung, eine Erweiterung des integrativen Ansatzes auf weitere Sektoren und Politikrichtungen in der Städtebauförderung, eine noch stärkere Berücksichtigung nichtinvestiver Maßnahmen (z. B. Moderation, Beteiligungsverfahren, Evaluation) sowie eine Aufhebung der engen Gebietsgrenzen der förderfähigen Stadtquartiere.

Gemeinsam mit dem Ministerium für Finanzen und Wirtschaft Baden-Württemberg hat die Wüstenrot Stiftung am 20. Oktober 2011 einen Fachkongress zur zukünftigen Ausrichtung der Städtebauförderung durchgeführt und eine Wanderausstellung zu Bilanz und Ausblick von 40 Jahren Städtebauförderung Baden-Württemberg vorgestellt. Auf diese Weise wurde ein fundierter Beitrag zur Diskussion über die zukünftige Ausrichtung und Ausstattung der Städtebauförderung in Deutschland geleistet. Die Wanderausstellung wird in den kommenden Jahren in verschiedenen Kommunen landesweit gezeigt. Eine inhaltsgleiche Begleitbroschüre steht ergänzend dazu allen interessierten Personen, Kommunen und Institutionen zur Verfügung.

(Projektlaufzeit seit 2011)

Fachkongress am 20. Oktober 2011 in Ludwigsburg
(Foto © Wüstenrot Stiftung)

Fachkongress am 20. Oktober 2011 in Ludwigsburg, Prof. Dr. Wulf D. von Lucius
(Foto © Wüstenrot Stiftung)

Die Ausstellung zu 40 Jahren Städtebauförderung in Baden-Württemberg
(Foto © Wüstenrot Stiftung)

Neue Zukunft für ein ungeliebtes baukulturelles Erbe

In den 1950er- bis 1970er-Jahren entstanden in Deutschland zahlreiche Wohnquartiere (Stadtteile und Stadterweiterungen), die als bauliches Fundament für wachsenden Wohlstand, wirtschaftliche Sicherheit, die Überwindung sozialer Ungleichheiten, die Erweiterung bislang eingeschränkter Lebenschancen und damit insgesamt für den Aufbruch in eine in vielen Belangen bessere Zukunft geplant wurden.

Heute liefern viele dieser Quartiere den Beleg dafür, dass dieser optimistische Aufbruch in eine neue Gesellschaft von der tatsächlichen Entwicklung gebremst wurde und auch aufgrund der baulichen Rahmenbedingungen in wichtigen Bereichen gescheitert ist. Vielerorts kumulieren und konzentrieren sich stattdessen soziale und ökonomische Problemlagen, von deren Lösung die Zukunftsfähigkeit dieser Gebäudesubstanz abhängt. Es geht dabei nicht nur um eine bautechnische Sanierung und städtebauliche Weiterentwicklung, sondern auch um eine Anpassung und Differenzierung allzu homogener Wohnungstypen, eine ausgewogene soziale Durchmischung, mehr Lebensqualität für Alt und Jung, Integration und gesellschaftliche Teilhabe für alle Bevölkerungsgruppen, energetische Optimierung und um mehr Attraktivität als Wohnstandort.

Eine vorrangig an erkennbaren Defiziten und Problemen orientierte Bewertung und Einschätzung dieser Quartiere greift dennoch zu kurz. Viele dieser Quartiere haben wesentlich mehr Qualitäten und Entwicklungschancen zu bieten, als ihnen in einer an Defiziten orientierten Perspektive bisher zugestanden wird. Die Wüstenrot Stiftung führt deshalb ein Forschungsprojekt durch, um das zukünftige Entwicklungspotenzial dieser Bestände fachlich besser bewerten zu können.

(Projektlaufzeit seit 2011)

(Foto: Stefan Krämer © Wüstenrot Stiftung)

Grenzstandorte und Zwischennutzungen in der Stadterneuerung

Die Entwicklung und die Bedeutung von sogenannten Grenzstandorten der Wohnnutzung sowie die mit ihnen verbundenen Herausforderungen für die Kommunen, die Wohnungswirtschaft und die Eigentümer/innen der Immobilien werden bislang in Deutschland kaum beachtet. Die Kernthese einer Untersuchung, die von der Wüstenrot Stiftung hierzu in Auftrag gegeben wurde, lautet, dass es in Deutschland in den kommenden Jahren aufgrund wirtschaftsstruktureller Veränderungen und der Auswirkungen des demografischen Wandels immer mehr Stadtregionen mit einer wachsenden inneren Differenzierung geben wird. Diese Differenzierung kann dazu führen, dass ganze Straßenzüge oder Stadtteile in ihrem ökonomischen Wert sinken und an Bedeutung als Wohnstandort verlieren. Sie können als Grenzstandorte der Wohnnutzung betrachtet werden, weil das hier erzielbare Mietniveau höchstens eine minimale Instandhaltung ermöglicht.

Solche Standorte geraten bisher auch deshalb selten in den Fokus der kommunalen Aufmerksamkeit, weil sie keinen unmittelbar zwingenden Handlungsbedarf für die öffentliche Hand erzeugen. Die Zwischenräume zwischen benachteiligten Quartieren, Konversionsflächen und privilegierten 1a-Lagen bilden jedoch das Gerüst vieler Städte und dürfen deshalb aufgrund ihrer Häufigkeit und ihres Entwicklungspotenzials nicht aus dem Blickfeld geraten. Angesichts ihrer Finanznot fällt den Kommunen die Abwägung zwischen kostenträchtiger Intervention und Zurückhaltung dennoch schwer.

Die Untersuchungsergebnisse wurden in Berlin in einer gemeinsamen Fachveranstaltung des Bundesministeriums für Verkehr, Bau und Stadtentwicklung und der Wüstenrot Stiftung vorgestellt. Unter dem Titel „Vergessene Stadtteile? Herausforderungen und Chance für eine strategische Stadtentwicklung" richtete sich dabei der Blick auf Gewerbegebiete, Ein- und Zweifamilienhäuser und Grenzstandorte. Neue Formen der Kooperation zwischen privaten Eigentümern, bürgerschaftlichem Engagement und öffentlicher Hand erscheinen besonders geeignet, die zentralen Aufgaben bei der künftigen Entwicklung solcher „vergessener" Stadtteile zu lösen und die damit verbundenen Chancen für eine strategische Stadtentwicklung zu sichern.

(Projektlaufzeit 2006 bis 2011)

Fachveranstaltung „Vergessene Stadtteile? Herausforderungen und Chance für eine strategische Stadtentwicklung", Begrüßung durch Staatssekretär Rainer Bomba (Foto: Alain Roux © Wüstenrot Stiftung)

Fachveranstaltung „Vergessene Stadtteile? Herausforderungen und Chance für eine strategische Stadtentwicklung", Podiumsdiskussion (Foto: Alain Roux © Wüstenrot Stiftung)

Einfamilienhausgebiete der 1950er- bis 1970er-Jahre

Ein- und Zweifamilienhäuser bilden vor allem in Westdeutschland einen wichtigen Teil des nach dem 2. Weltkrieg entstandenen Wohnungsbestandes. Im Lebenszyklus vieler Einfamilienhausgebiete der 1950er- bis 1970er-Jahre steht aktuell ein Generationenwechsel bevor. Die zukünftige Entwicklung dieser Bestände, die sich außerhalb staatlicher, kommunaler und auch wohnungswirtschaftlicher Einflusssphären befinden, wird durch verschiedene Faktoren bestimmt. Dazu gehört, dass sich das Nachfragepotenzial demografisch bedingt in den nächsten Jahren in vielen Regionen verringern wird und dass aufgrund der allgemeinen Pluralisierung von Lebensmodellen und Wohnwünschen urbane Wohnformen zunehmend an Bedeutung gewinnen. Betroffen sind davon vor allem Bestände mit ungünstigen Lageeigenschaften, baulichen und energetischen Mängeln sowie Imageproblemen. Gefährdet ist auch die Infrastrukturversorgung dieser Gebiete, deren ökonomische Tragfähigkeit aufgrund der geringen Bebauungs- und Einwohnerdichte ohnehin oft wenig robust ist. Es muss daher damit gerechnet werden, dass ältere Einfamilienhausgebiete in Zukunft häufiger mit Entdichtung und Entwertung oder auch Leerständen zu kämpfen haben – eine Entwicklung, die aus ökologischen, ökonomischen, sozialen und städtebaulichen Gründen ein aktives und frühzeitiges Gegensteuern anmahnt.

Die Wüstenrot Stiftung hat vor diesem Hintergrund die Nutzungs- und Anpassungsfähigkeit von Einfamilienhausbeständen der 1950er, 1960er- und 1970er-Jahre an eine veränderte Nachfrage umfassend untersuchen lassen. Ausgehend von einer gebietsbezogenen Bestandstypisierung und verschiedenen Szenarien zur Entwicklung der zukünftigen Nachfrage in quantitativer und qualitativer Hinsicht wurden auf Grundlage von Fallstudien konkrete städtebauliche und infrastrukturelle Anpassungsoptionen identifiziert und bewertet. Die Diskussion von Anpassungsmöglichkeiten mündet in die Formulierung von Handlungsempfehlungen für potenziell gefährdete Bestände, die einer ökonomischen, sozialen, städtebaulichen und baulichen Entwertung entgegentreten. Hauptadressaten der in Vorbereitung befindlichen Publikation sind Städte und Gemeinden, die in relevantem Umfang mit Nachnutzungsproblemen von Einfamilienhausbeständen konfrontiert sein werden.

(Projektlaufzeit seit 2009)

Beverungen (Foto: Andrea Berndgen-Kaiser © Wüstenrot Stiftung)

Rehau (Foto: Andrea Berndgen-Kaiser © Wüstenrot Stiftung)

Kassel-Philippienhof
(Foto: Karin Hopfner © Wüstenrot Stiftung)

Arnsberg
(Foto: Thomas Wolf © Wüstenrot Stiftung)

Erkrath
(Foto: Thomas Wolf © Wüstenrot Stiftung)

Beverungen
(Foto: Thomas Wolf © Wüstenrot Stiftung)

Die Zukunft der Stadtgesellschaften
Durchmischung oder residentielle Segregation?

Die gewachsene Attraktivität vieler Städte in Deutschland als Wohnstandort liefert für deren zukünftige Entwicklung neue Chancen und Gestaltungspotenziale. Sie geht einher mit der Ausrichtung neuer urbaner Haus- und Wohnungstypen auf die Bedürfnisse spezifischer Bevölkerungsgruppen, vor allem in den prosperierenden Verdichtungsräumen. Zugleich stellt sich jedoch die Frage, ob eine stärkere Differenzierung von Standorten und Gebäudetypen dazu beiträgt, das vor allem in Europa geschätzte Ideal einer gewachsenen, sozial durchmischten Stadtgesellschaft zu verändern.

Entwicklungen in anderen Ländern weisen darauf hin, dass vergleichbare Differenzierungen zu neuen sozialräumlichen Polarisierungen führen können. „Gated communities" gibt es in Deutschland nur vereinzelt; dennoch wird in einer wachsenden Zahl von Städten die Frage diskutiert, in welcher städtebaulichen und sozialen Form und Körnung sowohl bestehende urbane Quartiere als auch zukünftige Entwicklungsgebiete sinnvoll und praktikabel sein können.

Die Wüstenrot Stiftung hat zu diesen Fragen ein umfassendes Forschungsprojekt mit mehreren Schwerpunkten veranlasst. Zunächst werden Geschichte und Theorie des Durchmischungsideals in Deutschland seit der Hochphase der Urbanisierung unter Einbezug der Wechselwirkungen mit anderen europäischen Ländern und den USA untersucht. Im Anschluss erfolgt eine Auseinandersetzung mit den vielfältigen Tendenzen einer wachsenden sozialräumlichen Abschirmung und privilegierter Exklusivität, die es in allen Phasen der Entwicklung der europäischen Städte gegeben hat. Ziel ist es, die damit verbundenen Motive und Potenziale herauszuarbeiten, aber auch mögliche Probleme aufzuzeigen. Den Abschluss der Analyse bildet ein Vergleich der neuesten politischen und städtebaulichen Strategien, die in verschiedenen Ländern unter dem Aspekt einer forcierten Entmischung und Segregation zur Anwendung kommen.

Der breit angelegte empirische Teil bietet nationale und internationale Fallstudien, aus denen zusätzliche Erkenntnisse gewonnen werden und die der Verdeutlichung der gebauten Ergebnisse dienen, die aus den in der Analyse behandelten Prozessen entstanden sind.

(Projektlaufzeit seit 2008)

Dresden
(Alle Fotos: Stefan Krämer © Wüstenrot Stiftung)

Berlin

Kassel

Berlin

Stadtentwicklung und Integration von Jugendlichen in Deutschland und Frankreich

Sowohl in Deutschland wie auch in Frankreich stellt die Integration von Jugendlichen aus Familien mit Migrationshintergrund eine zentrale Aufgabe dar. Der kommunalen Ebene kommt dabei in beiden Ländern eine herausragende Bedeutung zu, denn die Kommunen sind entscheidende Partner im jeweiligen Verbundsystem von Staat und lokalen Gebietskörperschaften, und die lokale Ebene ist der Ort, an dem die jeweilige Integrationspolitik konkret umgesetzt werden muss.

Ein gemeinsames Forschungsprojekt des Deutsch-Französischen Instituts und der Wüstenrot Stiftung hatte deshalb zum Ziel, eine vergleichende Untersuchung der Wechselwirkungen von Stadtentwicklung und gesellschaftlicher Integration von Jugendlichen im Kontext von sozialen und räumlichen Segregationsprozessen in Deutschland und in Frankreich durchzuführen. Die Ergebnisse aus dieser vergleichenden Untersuchung liefern einen weiteren Baustein in der gemeinsamen Initiative vom Deutsch-Französischen Institut und der Wüstenrot Stiftung, den Dialog zwischen den Kommunen in Deutschland und in Frankreich zu spezifischen Aufgaben und Themen zu erleichtern und zu unterstützen. Die Veröffentlichung ist zu diesem Zweck inhaltsgleich in deutscher und in französischer Sprache erschienen. In zwei öffentlichen Fachveranstaltungen in Lyon und in Ludwigsburg wurden die Ergebnisse aus der Unter-suchung vorgestellt und mit Vertretern aus Politik und Wissenschaft diskutiert.

(Projektlaufzeit 2008 bis 2011)

(Fotos © Wüstenrot Stiftung)

Urban Design: Schlüssel zur sozialen und nachhaltigen Stadtentwicklung?

Gemeinsam mit dem Fachgebiet Planungs- und Architektursoziologie der TU Berlin und mit Unterstützung des Instituts für Soziologie und des Instituts für Architektur der TU Berlin hat die Wüstenrot Stiftung eine Fachtagung durchgeführt, die sich den vielfältigen Fragen rund um die Schlüsselfaktoren für eine soziale und nachhaltige Stadtentwicklung widmete.

In der Fachtagung wurden unterschiedliche Facetten des sogenannten Urban Design aufgegriffen und durch Wissenschaftler/innen aus verschiedenen Disziplinen dargestellt. Die Beiträge setzten sich u. a. mit der historischen Entwicklung der Städte und der Lebensverhältnisse in ihnen auseinander, beleuchteten die sozialräumlichen Herausforderungen für ein an diesen Fragestellungen orientiertes Urban Design und diskutierten anhand konkreter Beispiele aus der Praxis die möglichen Strategien für eine nachhaltige Stadtentwicklung in nationaler und internationaler Perspektive.

In allen Vorträgen spielte zugleich die Auseinandersetzung mit den Herausforderungen und Potenzialen von Urban Design als einer neuen und eigenständigen Disziplin in Deutschland eine wichtige Rolle.

(Projektlaufzeit seit 2011)

(Fotos: Thomas Wolf © Wüstenrot Stiftung)

Wohnatlas – Leben zu Hause

Die Bundesregierung, die einzelnen Bundesländer und zahlreiche Kommunen leisten durch Vorgaben und Förderaktivitäten einen wesentlichen Beitrag zur Angebotsstruktur und zur Verbreitung altersgerechter Wohn- und Versorgungsmöglichkeiten in Deutschland. Sie gestalten auf diese Weise die Wohn- und Lebenssituation der älteren Menschen mit. Dennoch sind die vielfältigen und teilweise sehr unterschiedlichen Aktivitäten vor allem auf der Ebene der Bundesländer bisher kaum systematisch erfasst und vergleichend dargestellt worden. Dies ist ein Defizit, denn der mangelnde Überblick verhindert die Identifikation besonders erfolgreicher Handlungsansätze und eine Verbreitung der mit den jeweiligen Instrumenten und Förderungen gewonnenen Erfahrungen.

Die Wüstenrot Stiftung hat deshalb gemeinsam mit dem Kuratorium Deutsche Altershilfe eine analytische Untersuchung der bundespolitischen und der unterschiedlichen landespolitischen Rahmenbedingungen, Rechtsvorschriften und Fördermöglichkeiten rund um das selbständige Wohnen im Alter begonnen. Diese Studie soll einen empirischen und einen normativwertenden Teil umfassen, um auch eine Bewertung der jeweiligen Landespolitik und ihrer Ergebnisse für das selbstständige Wohnen im Alter in den vergangenen Jahren herstellen zu können.

(Projektlaufzeit seit 2011)

Älter werden im Quartier

Neue Netzwerke, aktive Teilhabe, mehr Versorgungssicherheit

Der demografische Wandel in Deutschland ist umfassend und seine Auswirkungen betreffen nahezu alle Bereiche unserer Gesellschaft. Das Wohnumfeld und die Entwicklung der Siedlungsräume werden in Zukunft mehr als bisher zu den Schlüsselfaktoren für die Wohn- und Lebensqualität einer insgesamt älter werdenden Bevölkerung gehören. Es wird besonders darum gehen, möglichst allen Menschen die Teilhabe an den sozialen, wirtschaftlichen und kulturellen Angeboten, ein gesundes, sicheres Wohnen und eine umfassende Integration an ihrem Wohnort zu ermöglichen. Eine räumliche Ebene, auf der die demografischen Veränderungen sehr konkret werden, ist das Wohnquartier, das vor allem für Kinder und ältere Menschen den unmittelbar erfahrbaren Lebensraum bildet. Deshalb müssen wir Quartiere – überschaubare Nachbarschaften in den Städten ebenso wie gewachsene Gemeinden im Umland und im ländlichen Raum – als Handlungsebene neu verstehen, in die Planung einbinden und als wichtige Basis des Zusammenwirkens aller Beteiligten betrachten.

Ein Instrument für eine gezielte Umsetzung sind Quartierskonzepte, die unterschiedliche Bevölkerungsgruppen und ihre Bedürfnisse in den Blick nehmen, darunter gezielt auch die in diesen Quartieren älter werdenden Menschen. Zu den damit verbundenen Aufgaben gehört es, quartiersinterne Infrastruktur zu erhalten, neue Netzwerke zu entwickeln, die Versorgungssicherheit auszubauen und mit neuen Ansätzen ein generationenübergreifendes Wohnen zu stärken.

In einer gemeinsamen Veranstaltung des PARITÄTISCHEN Baden-Württemberg und der Wüstenrot Stiftung wurden unterschiedliche Beispiele für eine derartige Quartiersstärkung vorgestellt und eine Plattform zur Diskussion der damit verbundenen Chancen und Perspektiven geschaffen.

(Projektlaufzeit seit 2011)

(Fotos: Stefan Krämer © Wüstenrot Stiftung)

Wohnungsmarktregionen in Deutschland
Struktur und Abgrenzung funktionaler Wohnungsmärkte

Die Wohnungsmarktregionen in Deutschland entwickeln sich vor dem Hintergrund der Auswirkungen des demografischen Wandels und der wirtschaftsstrukturellen Veränderungen unterschiedlich. Auf empirischen Erfahrungen basierende Abgrenzungen werden in Frage gestellt, die kleinteilige Differenzierung erschwert für alle Akteure eine zuverlässige Einschätzung der aktuellen und zukünftigen Entwicklung.

Die vor allem aus den realen Verhältnissen von Angebot und Nachfrage entstehenden Wohnungsmarktregionen stimmen in den wenigsten Fällen mit administrativen Grenzen – Verwaltungseinheiten wie Kreise oder kreisfreie Städte – überein. Außerdem gibt es neben der örtlichen Angebots- und Nachfragerelation noch weitere zu berücksichtigende Faktoren. Im Falle von Verflechtungen mit dem Umland üben beispielsweise auch die Verhältnisse und Optionen in den benachbarten Städten und Gemeinden einen Einfluss auf den lokalen Markt aus und das Gleiche gilt auch umgekehrt.

Die Wüstenrot Stiftung hat zu diesen Fragestellungen beim Institut für Wohnungs- und Siedlungswesen der Universität Münster eine Untersuchung mit dem Ziel in Auftrag gegeben, auf der Basis eines neuen Berechnungsverfahrens eine funktionale Abgrenzung von Wohnungsmarktregionen für ganz Deutschland vorzunehmen. Kernelement des Untersuchungsansatzes sind die Wohnstandortentscheidungen der Haushalte, die sehr vielschichtig sein können, denn diese werden nicht nur unter Kostengesichtspunkten (Miet- und Immobilienpreise) gefällt.

(Projektlaufzeit 2009 bis 2011)

Karte der Wohnungsmarktregionen

Technische Wohninfrastruktur

Orientierungswerte für kommunale Planung und Steuerung

Die zentralen Rahmenbedingungen für die Entwicklung und die Auslegung der technischen Wohninfrastrukturen verändern sich in Deutschland seit einiger Zeit grundlegend. Die Ursachen hierfür reichen von den Auswirkungen des demografischen Wandels über die Folgen des Klimawandels bis hin zu einem wachsenden Veränderungsdruck auf die Energie- und Versorgungsmärkte infolge technischer und wirtschaftlicher Globalisierung. Zusätzlich treten noch weitere, spezifische Herausforderungen in verschiedenen Bereichen zu Tage. Beispielsweise auf dem Energiesektor, im Gesundheitswesen und bei Bildung und Erziehung.

Städtebauliche Orientierungen für einen Umgang mit dem daraus erwachsenden Handlungsbedarf gibt es kaum. Ein erstes, zusammen mit dem Deutschen Institut für Urbanistik durchgeführtes Forschungsprojekt der Wüstenrot Stiftung hatte deshalb die zentralen Aufgaben in diesen Sektoren aufgegriffen und eine fundierte Analyse der wichtigsten Prozesse und erwartbaren Szenarien erarbeitet.

In einem neuen Forschungsprojekt geht es nun darum, die gewonnenen Erkenntnisse für eine Umsetzung in der Praxis weiter zu qualifizieren. Angesichts der zahlreichen, in der Regel interdependenten Veränderungen der letzten Jahre in nahezu allen Sektoren ist teilweise eine erhebliche Planungsunsicherheit entstanden. Den Kommunen fällt dennoch die Aufgabe einer zentralen Steuerung und Integration der wachsenden Anzahl an Kriterien, Randbedingungen und Akteuren zu. Sie stehen im Mittelpunkt der Aufgabe, aus partikularen Ansätzen und Interessen die neuen, umfassend integrierenden und langfristig sicheren Konzepte zu erarbeiten, die zugleich auch in Form von Flexibilität und Adaptivität auf einen permanenten Prozess der Entwicklung und Veränderung reagieren können müssen.

Als geeignete Instrumente zur Sicherstellung einer neuen Qualität der umfassenden Systemintegration in allen Infrastrukturbereichen und für eine Überwindung der gewachsenen Planungsunsicherheit könnte eine Verbindung von sektorspezifischen Checklisten als bereits bewährte Kontroll- und Steuerungshilfsmittel sowie sogenannten „kommentierten Orientierungswerten" dienen. Die Checklisten haben dabei vor allem die Aufgabe einer umfassenden Berücksichtigung der unterschiedlichsten Kriterien und Anforderungen für verschiedene Aufgabenstellungen in den untersuchten Infrastrukturbereichen; die kommentierten Orientierungswerte sollen Planern und Verantwortlichen in ihren Entscheidungen unter unsicheren Rahmenbedingungen ein höheres Maß an Souveränität ermöglichen, vor allem auch im Umgang mit teils widersprüchlichen Zielwerten sowie sich dynamisch verändernden Kriterien. Checklisten und kommentierte Orientierungswerte sollen in diesem Sinne dazu beitragen, eine an die zukünftigen Herausforderungen angepasste Form von Planungs-, Ordnungs-, Bau- und Prüfprinzipien für die Bewältigung der Planungsunsicherheit in den Kommunen bereitzustellen.

Auf der Basis der Analyse von Rahmenbedingungen und zukünftigen Herausforderungen aus dem ersten Projekt entsteht nun in einer erneuten Zusammenarbeit mit dem Deutschen Institut für Urbanistik ein Repertoire an Handlungsempfehlungen für die Kommunen.

(Projektlaufzeit seit 2010)

Nutzungskonflikt Erdgeschoss

Die Attraktivität des Wohnens in der Stadt ist in den letzten Jahren deutlich gestiegen. Diese Reurbanisierung des Wohnens ist aus verschiedenen Gründen eine für die Städte und für die Siedlungsentwicklung in Deutschland erfreuliche Entwicklung, erleichtert sie es doch, auch in Zukunft noch weitere Potenziale für eine nachhaltige, die vorhandenen Ressourcen besser schonende Siedlungsentwicklung zu erschließen.

Im Unterschied zum Wohnen im suburbanen Umland ist für den innerstädtischen Bereich ein Angebot an attraktiven Formen des verdichteten Wohnungsbaus von entscheidender Bedeutung. Aufgrund des Aufeinandertreffens von städtischem Umfeld und individuellem Wohnbereich kommt der Erdgeschosszone dabei als Bindeglied zwischen öffentlicher und privater Nutzung eine wichtige Rolle zu. Um hier antizipierbare Konflikte bereits auf baulicher Ebene aufzufangen und zu vermeiden, sind innovative räumliche und städtebauliche Lösungen gefordert. Die in Deutschland bisher in einer Reihe von Projekten und Quartieren gewählte Lösung einer verbindlich vorgegebenen gewerblichen Nutzung der Erdgeschosszone ist nur begrenzt anwendbar und nicht für alle Wohnformen geeignet.

Die Wüstenrot Stiftung hat die aus ihrer Sicht in der Architektur vieler urbaner Wohnprojekte bisher weitgehend vernachlässigte Rolle des Erdgeschosses als Bindeglied zwischen städtischem Raum und privater Wohnnutzung in einem Forschungsprojekt aufgegriffen. Im Zentrum der Betrachtung steht eine typologische Untersuchung der Erdgeschosszone und die Analyse positiver Beispiele aus Deutschland, Europa und weiteren Ländern. Im Rahmen einer vergleichenden Darstellung werden besonders gelungene, sowohl übertragbare wie auch innovative räumliche Lösungen vorgestellt, die im Sinne eines übergreifenden Qualitätskonzepts zugleich auch einen Beitrag zu mehr architektonischer Gestaltungskraft in dieser nutzungssensiblen Übergangszone zwischen Wohnungsbau und Städtebau leisten können.

(Projektlaufzeit seit 2009)

Zukunft Innenstadt

Die Wüstenrot Stiftung hat mit ihrer Studie „Fokus Innenstadt" wichtige Erkenntnisse zu den Chancen, Problemen und Perspektiven der Innenstädte von Mittelstädten in Baden-Württemberg erarbeitet. Im Mittelpunkt dieser Studie standen die wichtigsten Aufgaben und Herausforderungen, denen Mittelstädte in Baden-Württemberg aktuell und in den kommenden Jahren gegenüberstehen. Zugleich wurde eine Bilanz der Effekte aus den zentralen Programmen und Maßnahmen der Stadterneuerung erstellt und die wichtigsten Konzepte für die kommunale Steuerung der zukünftigen Entwicklung erarbeitet.

In einem nächsten Schritt werden nun spezifische Fragestellungen weiter untersucht und der Blick zugleich über die Landesgrenzen hinaus erweitert. Zu den Schwerpunkten gehören dabei die Fragen nach der Effizienz der Zielkoordination unterschiedlicher Beteiligter an der Entwicklung der Innenstädte, die institutionellen und personellen Strukturen in den Organisationen und Kooperationen innerhalb wie außerhalb der Verwaltung und vor allem der Vergleich mit den Ansätzen und Konzepten, die in anderen Bundesländern und im benachbarten Ausland für eine Begleitung und Steuerung der Entwicklung der Innenstädte von Mittelstädten gewählt werden.

(Projektlaufzeit Phase 2 seit 2010)

(Fotos: Stefan Krämer © Wüstenrot Stiftung)

Solarthermie – Baustein der Energiewende

Im Zuge der Energiewende in Deutschland strebt die Bundesregierung in Ihrem Energiekonzept eine Reduktion des Primärenergiebedarfs im Gebäudebereich um 80 Prozent bis zum Jahr 2050 an, um so einen klimaneutralen Gebäudebestand zu etablieren. Um dieses Ziel zu erreichen, ist es vorgesehen, die energetische Sanierungsrate zu verdoppeln.

Im Rahmen eines Forschungsprojekts der Wüstenrot Stiftung und der Forschungsstelle für Energiewirtschaft e.V. wird die Solarthermie als ein wesentlicher Beitrag zur Erreichung diese Ziels eingehend untersucht. Die Solarthermie benötigt anders als z.B. Wärmepumpen oder Biomassekessel für ihren Betrieb keinen Brennstoffeinsatz und nahezu keinen Strombezug. Selbst in unseren Breiten können durch solarthermische Kollektoren, die Solarstrahlung in Nutzwärme zur Warmwasserbereitstellung und Heizungsunterstützung umwandeln, solare Deckungsgrade von 20 bis 50 Prozent erreicht werden. Somit lässt sich der Bedarf fossiler Energieträger wie Heizöl oder Erdgas bis zur Hälfte reduzieren und die damit verbundenen Emissionen vermeiden.

In dem 2010 gestarteten Projekt werden über eine Bottom-Up-Analyse die technischen Potenziale der Solarthermie, fokussiert auf die große Gruppe der Bestandsgebäude im Einfamilienhausbereich, regional aufgelöst und in ihrer Summe konsistent zum statistisch definierten Gebäudebestand ermittelt. Um den vielfältigen methodischen Aspekten bei der Potenzialermittlung gerecht zu werden, stützen sich die Ergebnisse auf eine zentrale wissenschaftliche Methodik, die derzeit in einer parallel laufenden Promotionsarbeit entwickelt wird. Die hohe Aktualität und Attraktivität dieses Forschungsprojekts gepaart mit einem hohen Maß an Zukunftsfähigkeit motiviert darüber hinaus junge Wissenschaftler, sich an diesem Projekt in Rahmen von Praxis-, Bachelor- und Diplomarbeiten zu beteiligen.

Welchen Anteil die Solarthermie aus technischer Sicht zur Energiewende beitragen kann, wird mit dem Abschluss des Projekts Ende 2012 feststehen. Wie hoch der tatsächliche Anteil der realisierten Solarthermieanlagen bis zum Jahr 2050 sein wird, hängt letztlich vom gesellschaftlichen und politischen Willen ab, die ermittelten Potenziale dann auch wirklich zu heben. Dieses Projekt soll hierzu einen wesentlichen Beitrag leisten.

(Projektlaufzeit seit 2010)

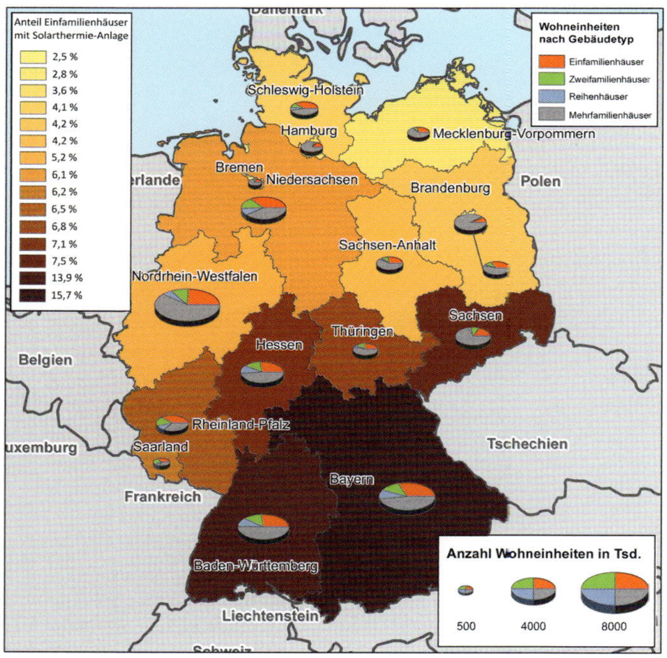

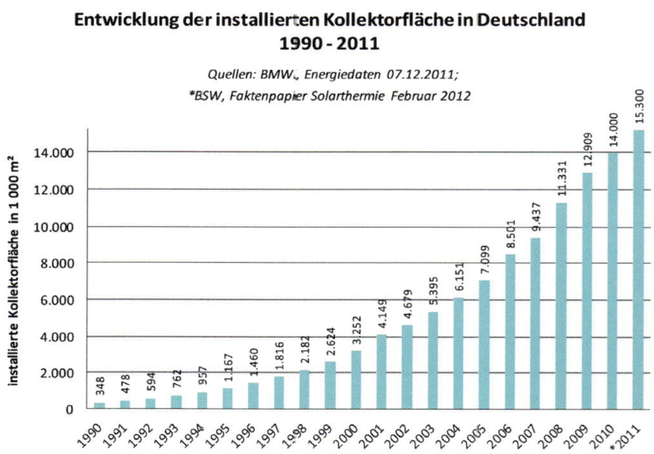

Energieberatung in Deutschland

Die Klimaschutzziele in Deutschland sind ambitioniert. Sie wurden in den vergangenen Jahren von der Politik auch im europäischen Vergleich sehr hoch angesetzt und können nur durch ein gemeinsames Wirken aller Beteiligten erreicht werden. Die dafür notwendige Technik und das damit gewonnene Wissen werden als potenzielle, zukünftig sehr wichtige Standortfaktoren in einer globalen Neuorientierung betrachtet.

Zu den Schlüsselfaktoren für eine Verbesserung des Klimaschutzes und für die Erreichung der Ziele zählt in Deutschland die energetische Sanierung des Gebäudebestandes. Doch ungeachtet umfangreich ausgestatteter Förderprogramme und energiewirtschaftlich günstiger Rahmenbedingungen bleibt die Umsetzung der energetischen Sanierung im Gebäudebestand bisher weit hinter den vorhandenen technischen Möglichkeiten und den wirtschaftlich tragfähigen Maßnahmen zurück.

Ein wichtiger Faktor hierfür scheint ein immer noch bestehendes Informationsdefizit zu sein, beispielsweise in Hinsicht auf die Nachhaltigkeit energetischer Maßnahmen und das Ausmaß der Fördermöglichkeiten. Dies wirkt sich in Form einer geringen Investitionsbereitschaft bei Haus- und Wohnungseigentümern aus und auch bei verschiedenen Berufsgruppen, die für eine effektive und schnelle Umsetzung der energetischen Sanierung wichtig sind, gibt es offenbar anhaltende Fortbildungs- und Informationsdefizite. Ein weiterer, die Umsetzung hemmender Faktor ist eine hohe Zersplitterung der vorhandenen Beratungsangebote und eine damit verbundene Intransparenz der Beratungs- und Förderstruktur.

Die Wüstenrot Stiftung hat deshalb die Struktur und die Qualität der Energieberatung in Deutschland einer differenzierten Betrachtung unterziehen lassen und eine Analyse der Rahmenbedingungen der Energieberatung in Deutschland vorgelegt. Hierzu gehören eine Aufarbeitung des Beratungsbedarfes und eine Analyse der Informationswege zwischen Zielgruppen und Beratungsanbietern. Außerdem umfasst die Studie eine empirische Untersuchung der Struktur der Energieberatungsangebote sowie die Erstellung einer Übersicht vor allem zu den Aktivitäten, die von Kommunen und Verbänden unternommen werden, um die verschiedenen Beratungsangebote zu koordinieren oder in eigener Regie die Beratungsqualität vor Ort zu sichern.

(Projektlaufzeit 2009 bis 2011)

Leuchtturmprojekte in der Architektur
Genese – Bedeutung – Wirkung

Leuchtturmprojekte gelten als die Krönung der Architektur. Sie sind Ikonen mutiger Gestaltung, bringen die künstlerische Seele der Architekten zum Ausdruck, werden zu gebauten Zeugnissen persönlicher Leidenschaft und/oder Symbolen für institutionelle Ambitionen, schaffen Kristallisationspunkte für eine anspruchsvolle Baukultur, liefern den Beweis für das öffentliche Bekenntnis zur baukulturellen Verantwortung und sind oft zugleich Hoffnungsträger für neue lokale und wirtschaftliche Entwicklungsperspektiven.

Unter ökonomischer Perspektive scheinen Leuchtturmprojekte als Magnete im wachsenden Segment des Städtetourismus ebenso unverzichtbar wie selbstamortisierend zu sein, als Projektionsfläche der eigenen Weltoffenheit sollen sie zugleich die lokale Identifikation stärken, als Blickfang im Flickenteppich disperser Baukultur sollen sie helfen, die Versäumnisse und Fehlentscheidungen vergangener Tage zu kaschieren. Kurzum – im Erfolgsfall soll das Potenzial der Leuchtturmprojekte ganze Städte und Regionen vor dem Absinken in eine kulturelle und künstlerische Bedeutungslosigkeit retten.

Staatsgalerie Stuttgart
(Foto © Dieter Poschmann/pixelio.de)

Diesen Ansprüchen kann die Mehrzahl der Leuchtturmprojekte der Architektur nicht genügen. Sie werden dennoch daran gemessen, weil sie als Objekte besonderer Gestaltung und Formensprache aus der örtlichen wie aus der zeitlichen Normalität herausragen und auf diese Weise Ausstrahlung weit über ihren Standort hinaus entwickeln. Sie sollen als Katalysatoren für die regionale Baukultur wirken und darin umso wirkungsvoller sein, je stärker sie mit der baulichen Normalität in ihrer Umgebung kontrastieren.

Diese hochgesteckten Erwartungen führen häufig dazu, dass viele derartige Leuchtturmprojekte bereits vor ihrer Entstehung sehr umstritten sind. Bewunderung erhalten sie in der Regel zunächst außerhalb, während auch verdiente Anerkennung vor Ort nur zögernd folgt. Die Neue Staatsgalerie in Stuttgart von James Frazer Sterling zählt auch in diesem Sinne zu den Leuchtturmprojekten der (Museums-) Architektur in Deutschland.

Die Wüstenrot Stiftung hat anlässlich der Ausstellung „James Frazer Stirling – Notes from the archive" gemeinsam mit der Staatsgalerie Stuttgart die Veranstaltungsreihe „Stirling Lectures" durchgeführt. Die Ausstellung begleiteten Einzelvorträge zum Werk von James Frazer Stirling und eine Fachveranstaltung hat die mit dem Prozess der Entstehung und Implementierung herausragender Architektur verbundenen Aspekte aufgegriffen.

Diese Tagung richtete den Fokus auch auf Fragen, die über einen zeitgenössischen Kontext hinausgehen: Welche Bedeutung und Wirkung haben Leuchtturmprojekte, wenn ihre „Sturm- und Drangphase" überwunden ist und sie als Teil des örtlichen Architekturprofils anerkannt und etabliert sind? Welche Herausforderungen stellen Leuchtturmprojekte der Architektur dann für einen adäquaten Umgang der Öffentlichkeit und für den Denkmalschutz dar? Verändern erfolgreiche Leuchtturmprojekte die Rahmenbedingungen für die Realisierung vergleichbarer Projekte, an diesem wie an anderen Orten?

(Projektlaufzeit seit 2011)

Podiumsdiskussion mit (von links):
Alexander Schwarz, Wolfgang Pehnt,
Werner Durth (Moderation),
Kristin Feireiss, Adrian von Buttlar
(Foto © Staatsgalerie Stuttgart)

Elbphilharmonie Hamburg
(Foto © Anne Sardemann/pixelio.de)

Guggenheim Museum Bilbao
(Foto © Christiane Nill/pixelio.de)

Lehre, Bildung und Erziehung

Das Lehr-, Bildungs- und Erziehungsprogramm der Wüstenrot Stiftung dient der Unterstützung der Zukunftsfähigkeit von Schülern, Studierenden und Berufstätigen vorrangig in den Themenbereichen Kunst und Kultur sowie Planen und Bauen. Die Wüstenrot Stiftung initiiert und konzipiert Stiftungsprofessuren zu zukunftsweisenden Forschungs- und Lehrinhalten in Zusammenarbeit mit verschiedenen Universitäten in Deutschland. In Ergänzung zu den Dokumentarfotografie Förderpreisen werden in lockerer Folge öffentliche Symposien zu wechselnden Fragen zur Dokumentarfotografie abgehalten und mit der Finanzierung von mehreren Einsatzstellen des Freiwilligen Sozialen Jahrs Kultur in Baden-Württemberg ermutigt die Stiftung junge Menschen, sich kulturell zu engagieren und unterstützt gleichzeitig bedeutende Kulturinstitutionen des Landes. Der Bildung von Schülern aller Altersklassen und Schulformen im wichtigen Feld der Baukultur widmet sich die Wüstenrot Stiftung mit ihrem Lehrangebot „Baukultur – gebaute Umwelt. Curriculare Bausteine für den Unterricht“, das von der UNESCO als empfehlenswertes Unterrichtsmaterial zertifiziert wurde. Auch angehenden Kulturjournalistinnen und -journalisten versucht die Stiftung mit einem jährlich angebotenen Blockseminar, dieses Themenfeld nahezubringen. An verschiedenen deutschen Hochschulen bietet die Stiftung die Vorlesungsreihe „Forum Architektur“ an und mit der „ZukunftsWerkstattWohnbauen“ einen Workshop für postgraduierte Architektinnen und Architekten, in dem innovative Wohnkonzepte entwickelt und diskutiert werden. Das Projekt „Jugend pro Beruf“ schließlich unterstützt über eine Azubi-Akademie Hauptschüler bei der Berufsorientierung.

(Foto © Philipp Günther)

Stiftungsprofessuren

Die Wüstenrot Stiftung initiiert und konzipiert Stiftungsprofessuren zu zukunftsweisenden Forschungs- und Lehrinhalten in Zusammenarbeit mit verschiedenen Universitäten in Deutschland. So entstand 1993 die Stiftungsprofessur für Grundstücks- und Wohnungswirtschaft an der Universität Leipzig und 1997 die Stiftungsprofessur für Wohnbau, Wohnkonzepte und Gebäudelehre an der Universität Stuttgart. 2005 folgten die Stiftungsprofessur für Verwaltungsmanagement und New Public Management an der Universität Leipzig und die Stiftungsprofessur für Bauwerkserhaltung und Denkmalpflege an der Universität Stuttgart. 2009 entstand die Stiftungsprofessur für Architekturkommunikation am Karlsruher Institut für Technologie (KIT).

Mitte 2011 hat die Wüstenrot Stiftung mit der Universität Stuttgart einen Vertrag über die Errichtung einer W3-Professur für Nachhaltigkeit (mit Leitungsfunktion) am Institut für Baukonstruktion und Entwerfen der Fakultät für Architektur und Stadtplanung abgeschlossen. Die mit rund 2 Mio. EUR finanzierte Stiftungsprofessur ist auf zehn Jahre angelegt und wird nach Ablauf der Förderzeit von der Universität Stuttgart weitere zehn Jahre fortgeführt. Die Wüstenrot Stiftung geht davon aus,dass der Stiftungsprofessor in der zweiten Jahreshälfte 2012 berufen wird und seine Tätigkeit an der Universität Stuttgart aufnehmen kann.

Riklef Rambow, Stiftungsprofessor für Architekturkommunikation, KIT 2011 (Foto © Willy Abraham)

Theresia Gürtler Berger, Stiftungsprofessorin für Bauwerkserhaltung und Denkmalpflege, Uni Stuttgart 2010 (Foto © Uni Stuttgart)

Dr. Ruth Leuze und der Rektor der Universität Stuttgart, Prof. Dr. Wolfram Ressel, bei der Vertragsunterzeichnung für die Wüstenrot Stiftungsprofessur für Nachhaltigkeit (Foto © Uni Stuttgart)

Forum Architektur

Eine Vortragsreihe für Studierende der Architektur und Stadtplanung

Die Wüstenrot Stiftung hat 2010 ein neues Lehrangebot für Studierende der Architektur ins Leben gerufen, das „Forum Architektur“. Es handelt sich dabei um eine international angelegte Vortragsreihe zu verschiedenen Aspekten des weiten Themenfeldes Baukultur, die an verschiedenen Hochschulen angeboten wurde. Die Wüstenrot Stiftung möchte mit diesem Bildungsangebot Studierenden der Architektur und/oder Stadtplanung die Möglichkeit geben, Experten aus Theorie und Praxis zu hören und mit ihnen Fragestellungen zu aktuellen Planungs- und Bauaufgaben zu diskutieren.

Im Wintersemester 2010/2011 startete die Reihe an der Technischen Universität Dortmund mit dem Themenschwerpunkt „Wohnen heute“. Im Sommersemester 2011 wurde sie mit diesem Themenschwerpunkt auch an der Technischen Universität Kaiserslautern durchgeführt. An der Leibniz Universität Hannover, an der Universität Kassel und an der Fachhochschule Erfurt wurde das „Forum Architektur“ dann im Wintersemester 2011/2012 angeboten. Die Vortragsreihen standen auch externen Besuchern offen, die sich zum Teil lebhaft an den anschließenden Diskussionen beteiligten. Aufgrund des großen Erfolgs soll das „Forum Architektur“ auch in den kommenden Jahren angeboten werden.

(Projektlaufzeit seit 2011)

Plakat der Vortragsreihe „Forum Architektur“

Andreas Hild vor seinem Vortrag an der TU Kaiserslautern (Foto © Dirk Bayer)

Teaching Photography

Symposium zu europäischen Ausbildungsinstitutionen in der Fotografie

Das Museum Folkwang und die Wüstenrot Stiftung verbindet eine langjährige, sehr erfolgreiche Partnerschaft, die mit der Einrichtung der Dokumentarfotografie Förderpreise der Wüstenrot Stiftung 1994 ihren Anfang nahm. Nach dieser langen Phase der Nachwuchsförderung für Absolventinnen und Absolventen deutscher Einrichtungen und vor dem Hintergrund einer zunehmenden Internationalisierung der akademischen wie künstlerischen Ausbildung haben das Museum Folkwang und die Wüstenrot Stiftung europäische Ausbildungsinstitutionen in der Fotografie zu einem Austausch eingeladen.

Wie wird Fotografie heute gelehrt, was wird bei Studenten vorausgesetzt, was können sie von den Ausbildungsinstituten erwarten und welche Berufsperspektiven eröffnen sich ihnen? Diesen und weiterreichenden Fragen widmete sich das Symposium Teaching Photography, das im Kulturhauptstadtjahr 2010 im Museum Folkwang Essen stattfand. Parallel dazu zeigte im Museum Folkwang die gleichnamige Ausstellung Teaching Photography verschiedene Formate und Medien von Lehrenden und ihren Studenten/innen aus zwei deutschen und vier ausländischen Hochschulen. Das Symposium gab den Rahmen zu produktivem Austausch über verschiedene Positionen sowie Zeit für neue Ideen und experimentelle Wege. Die Begegnung und Diskussion zwischen europäischen Lehrenden und Künstlern/innen, Kuratoren/innen, Kritikern/innen und interessierter Öffentlichkeit stand dabei im Zentrum des Symposiums.

(Projektlaufzeit 2010)

Die Leiterin der Fotografischen Sammlung im Museum Folkwang, Ute Eskildsen, im Interview mit den britischen Nachwuchskünstlern Ben Absalom und Sam Bardsley (Foto: Jens Nober © Museum Folkwang Essen)

Teaching Photography – Der vollbesetzte Gartensaal im Museum Folkwang Essen (Foto: Jens Nober © Museum Folkwang Essen)

The Other Side
Symposium zur osteuropäischen Fotografie

Seit dem Fall des Eisernen Vorhangs ist Europa politisch wie wirtschaftlich geeint und dennoch bleibt zwischen Ost und West eine kulturelle Differenz spürbar. Dies liegt nicht zuletzt an der im Westen verbreiteten hegemonialen Einstellung zu Osteuropa, die in den postkommunistischen Gesellschaften einen kulturellen Nachholbedarf vermutet oder gar konstatiert. Dabei hat in den Ländern Mittel- und Osteuropas eine Generation von Fotografen/innen die Bühne betreten, die durch die Umwälzungsprozesse um 1989 zwar geprägt wurde, diese aber nicht als alleiniges biografisches Zentrum begreift und in der heutigen globalisierten Welt selbstverständlich agiert. Durch Publikationen und Ausstellungen werden Arbeiten junger mittel- und osteuropäischer Fotografen/innen international verfügbar und mehr und mehr bekannt. Die Vielfalt der künstlerischen Positionen lädt ein zum Vergleichen und Entdecken. Der Forschungsschwerpunkt Fotografie und Medien der Fachhochschule Bielefeld und die Wüstenrot Stiftung haben dies zum Anlass genommen, im Mai 2011 ein Symposium über osteuropäische Fotografie zu organisieren und Theoretiker/innen, Kuratoren/innen und zeitgenössische Fotografen/innen aus Ost und West zum Diskurs einzuladen. Die Dokumentation des Symposiums wird im Frühjahr 2012 erscheinen.

(Projektlaufzeit seit 2011)

Symposium zur osteuropäischen Fotografie an der Fachhochschule Bielefeld
(Foto ©: Philipp Günther)

Baukultur – gebaute Umwelt.
Curriculare Bausteine für den Unterricht

Im Verbund mit Pädagogen, Fachleuten aus der Baukultur und Kommunikationsexperten hat die Wüstenrot Stiftung das Lehrangebot „Baukultur – gebaute Umwelt. Curriculare Bausteine für den Unterricht" mit dem Ziel entwickelt, junge Menschen zu motivieren, die gebaute Umwelt bewusst wahrzunehmen und sich der gesellschaftlichen Verantwortung dafür zu stellen. Zwar gibt es in Deutschland eine Vielzahl engagierter Initiativen das Thema Baukultur in Schulen anzubieten, doch fast alle diese Angebote betreffen singuläre Projekte oder Partizipationsverfahren bei Neu- oder Umbau von Schulgebäuden. Eine unmittelbare Implementierung des Themenbereichs in den schulischen Alltag unter grundsätzlicher Beteiligung von Pädagogen gab es bislang noch nicht. Da Schulen und Lehrkräfte derzeit vor vielen neuen und verschärften Anforderungen stehen, ist die entscheidende Voraussetzung für die Akzeptanz des Themas in der Schule die Berücksichtigung der gegenwärtigen schulischen Rahmenbedingungen. Im Lehrangebot „Baukultur – gebaute Umwelt. Curriculare Bausteine für den Unterricht" wurden daher Modelle entwickelt, die nicht zusätzliche Fächer oder Stundenzahlen erfordern, sondern die das Thema in die laufenden Unterrichtsprozesse und in die bereits bestehenden Anforderungen an die Vermittlung fachlicher und allgemeiner Kompetenzen einbinden.

Entwickelt wurden für diesen neuen, weiterführenden Ansatz modulare Bausteine für die drei Aufgabenfelder – sprachlich/künstlerisch, mathematisch/naturwissenschaftlich und gesellschaftswissenschaftlich –, die so weit wie möglich an Vorgaben und Schulwirklichkeit angepasst sind und ein hohes Maß an Flexibilität und Übertragbarkeit ermöglichen. Lerninhalte und -ziele, die in den verschiedenen Schulstufen, -formen und Fächern erreicht werden müssen, lassen sich mit den modularen Bausteinen besonders gut vermitteln – durch neues Material, andere Fragestellungen und differenzierte Arbeitsformen sowie durch die inspirierende Öffnung der fachlichen Bezüge ganz im Sinne fachübergreifenden und Fächer verbindenden Lernens. Dabei kommt dem motivierenden Blick ins Lebensumfeld der Schülerinnen und Schüler besondere Bedeutung zu. Mit den curricularen Bausteinen wird Baukultur zum Querschnittthema, das junge Menschen durch die gesamte Schullaufbahn begleitet.

Schülerzeichnung – Details im Hagener Krematorium
(Fotos © Barbara Welzel/Christopher Kreutchen)

Stadtspäher - Schülerinnen und Schüler erkunden das Hagener Krematorium

In Ergänzung zu der Publikation „Baukultur – gebaute Umwelt. Curriculare Bausteine für den Unterricht“ hat die Wüstenrot Stiftung Schülerarbeitsblätter entwickeln lassen; die Materialien stehen zum kostenlosen Download auf der Homepage der Stiftung zur Verfügung. Das Lehrangebot wurde 2010 von der UNESCO als empfehlenswertes Unterrichtsmaterial im Rahmen der UN-Dekade „Bildung für nachhaltige Entwicklung (2004-2014)“ zertifiziert.

Um das Lehrangebot der Öffentlichkeit vorzustellen, aber auch um Pädagogen und Fachleute aus Architektur und Stadtplanung in Dialog zu bringen, hat die Wüstenrot Stiftung 2010 unter dem Obertitel „Bauen und Bildung“ drei Veranstaltungen durchgeführt: in Kooperation mit der Architektenkammer Baden-Württemberg und im Rahmen der Didacta in Stuttgart, in Berlin in Zusammenarbeit mit der Deutschen UNESCO-Kommission und in Saarbrücken gemeinsam mit der Architektenkammer des Saarlandes. Alle Tagungen waren erfreulich gut besucht und haben maßgeblich zur Beachtung des Lehrangebots beigetragen.

Im zweiten Halbjahr 2011 startete die Stiftung in verschiedenen Bundesländern Initiativen, um das Lehrangebot in der Schulpraxis einzusetzen und zu erproben. In Nordrhein-Westfalen wird diese Pilotphase in Kooperation mit der TU Dortmund durchgeführt. Vier Hagener Schulen – das Albrecht-Dürer Gymnasium, die Hauptschule am Remberg, die Gesamtschule Haspe und das Christian-Rohlfs-Gymnasium – implementieren und evaluieren das Lehrmaterial „Baukultur – gebaute Umwelt. Curriculare Bausteine für den Unterricht“ mit einer Kerngruppe von sieben Klassen und Kursen. Begleitet werden die Schulen von vier Seminaren der TU Dortmund für Lehramtsstudierende im Fach Kunst. Das Projekt kombiniert Unterrichts- und Seminareinheiten, Unterrichtshospitationen der Lehramtsstudierenden, Workshops für Lehrerinnen und Lehrer sowie gemeinsame Ortstermine, in denen die verschiedenen Gruppen wie auch Schüler und Schülerinnen verschiedener Klassen, Altersstufen und Schulformen miteinander arbeiten. Im thematischen Zentrum steht der „Hagener Impuls“ der Jahre zwischen 1900 und dem Ersten Weltkrieg. Die Arbeitsprozesse und -ergebnisse werden am Ende des Schuljahrs 2011/2012 in einer Ausstellung im Osthaus Museum Hagen der Öffentlichkeit vorgestellt und in einer Publikation dokumentiert.

(Projektlaufzeit seit 2009)

Prof. Dr. Gerhard de Haan, Vorsitzender des Nationalkomitees der UN-Dekade „Bildung für nachhaltige Entwicklung 2005-2014“ und Prof. Bascha Mika, Publizistin/Studiengangleiterin Kulturjournalismus UDK Berlin diskutieren über Bildung und Baukultur (Fotos © Deutsche UNESCO-Kommission)

Hans-Ulrich Schulz, Vorstandsmitglied der Wüstenrot Stiftung begrüßt zur Tagung „Bauen und Bildung – nachhaltige Stadtentwicklung im Schulunterricht“

ZukunftsWerkstattWohnbauen 2010
Innerstädtische Verdichtung – Wohnen in Bremen

Die Stadt Bremen steht vor der Herausforderung, bis 2020 ca. 14.000 neue Wohnungen errichten zu müssen. Dabei ist es politischer Wille, die Nachfrage nach städtischem Wohnraum mit innerstädtischen Lagen zu befriedigen. Bremen hat eine ganze Reihe innerstädtischer Gebiete vorzuweisen, die jedoch nicht alle einfach und unproblematisch für den Wohnungsbau entwickelt werden können. Die ZukunftsWerkstattWohnbauen der Wüstenrot Stiftung hat sich an drei sehr unterschiedlichen Standorten in Bremen dieser Aufgabe angenommen und Ideen für das Wohnen in der modernen Gesellschaft mit ihren demografischen Veränderungen und den Anforderungen an knapper werdende Ressourcen entworfen.

Die ZukunftsWerkstattWohnbauen findet alle zwei Jahre an wechselnden Orten und zu wechselnden Themen aus dem weiten Feld des Wohnens statt. Über 14 Tage befassen sich 18 postgraduierte Teilnehmer/innen mit der jeweiligen Fragestellung und werden von einem wissenschaftlichen Team aus Professoren/innen und Assistenten/innen fachlich betreut. In Bremen wurden die Fragen, welche städtebaulichen und architektonischen Folgen sich am jeweiligen Planungsstandort durch den lokalen Bremer Stadtkörper ergeben und ob die (Neu-) Interpretation besonderer Bremer Wohnformen wie das „Bremer Haus“ ein Mittel ist, die städtische Identität zu stärken, intensiv diskutiert.

Wichtige Impulse gab dazu das Symposium „Innerstädtische Verdichtung“, das im Rahmen des Workshops im alten Überseehafen Bremens stattfand und zu dem auch die interessierte Öffentlichkeit eingeladen war. Nicht zuletzt lebte der Workshop vom intensiven Austausch mit der gastgebenden Stadt, besonders die intensive Begleitung durch den Senatsbaudirektor Franz-Josef Höing erwies sich für beide Seiten als äußerst fruchtbar. Vorbildlich unterstützt wurde die ZukunftsWerkstattWohnbauen auch von der School of Architecture Bremen und der Architektenkammer Bremen. Die Ausstellung mit den Ergebnissen des Workshops wurde mehrere Wochen im Foyer des Siemenshochhauses in Bremen gezeigt. Die Broschüre mit der Dokumentation aller Vorträge des Symposiums und den Entwürfen der ZukunftsWerkstattWohnbauen kann bei der Wüstenrot Stiftung bestellt werden.

(Projektlaufzeit 2010)

Handskizzen (Alle Fotos: Andrea Diefenbach © Wüstenrot Stiftung)

Jacques Blumer in der Entwurfsdiskussion

Die AG von Jacques Blumer untersuchte den Bremer Stadtteil Hemelingen, der lange Jahre ein wichtiger Industriestandort war und entsprechend Siedlungen für die Arbeiterschaft bot. Doch das hat sich gewandelt. Hemelingen hat viele seiner Industrien verloren. So auch die Nordmende Fabrik, deren heutige Industriebrache durch einen Wall von der Bahntrasse und den dahinterliegenden Industrieanlagen geschützt liegt und so zu einer potentiellen Entwicklungsfläche für den Ort wird. In Hemelingen hat sich die Zusammensetzung der Bevölkerung stark geändert. Zwar leben noch Alt-Hemelinger in ihren angestammten Häuschen, der größere Teil der Leute und deren Kinder sind jedoch Neuzuzügler. Oft sind es Migranten aus bescheidenen Verhältnissen. Hemelingen besitzt heute eine erstaunlich positive Infrastruktur, gute soziale und institutionelle Versorgung, Einkaufsmöglichkeiten und hervorragende ÖPNV-Anbindung an die Bremer Innenstadt. Dennoch hat der Stadtteil als Wohnstandort ein schlechtes Image.

Eine besondere Chance, neuen Wohnraum in Hemelingen zu schaffen, bietet die Brache der früheren Nordmende Werke. Dort ist es möglich, das bestehende Quartier mit Häusern und Wohnungen so zu ergänzen, dass Körnung und Maßstab der angrenzenden Bebauung erhalten bleiben und mit einem Quartierpark einen neuen Anziehungspunkt für Hemelingen zu schaffen. Damit dabei Maßstab und Körnung des Ortes erhalten bleiben und gleichzeitig ein dichtes aktuelles Bauen möglich ist, wurden vier Forderungen gestellt: parzellenweises Bauen, eine Erschließungstiefe von rund 60 m, eine geschlossene und durchgehend dreigeschossige Bebauung und ein Organisationsraster von ca. 5 m. So wird eine höhere Baudichte als im Bestand und eine architektonische Ordnung erreicht, die es erlaubt, unterschiedliche Hauskonzepte und Gebäude zu einem Ganzen zusammenzufügen.

Das Planungsgebiet in Bremen-Hemelingen im Modell

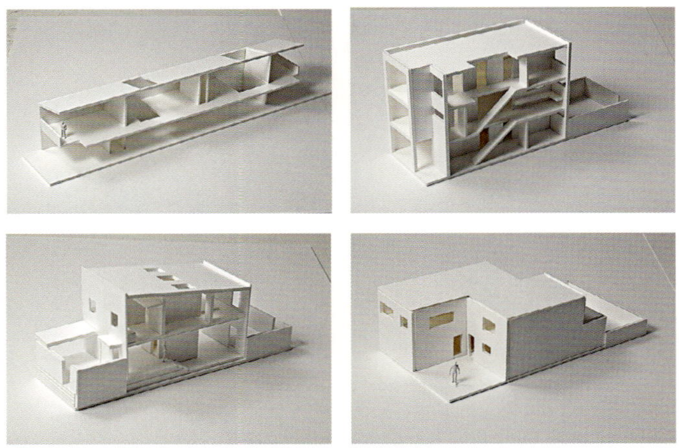

Verschiedene Haustypen für Bremen-Hemelingen im Modell

Die AG von Dirk Bayer befasste sich mit einem ehemaligen Sportgelände im Stadtteil Walle. Der Sportplatz an der Dedesdorfer Straße liegt am Kreuzungspunkt eines in Nord-Süd-Richtung verlaufenden Bandes von Reihenhausblöcken sowie einer Abfolge von Grünflächen. Das beplante Areal umfasst ca. 15.000 m², wird an drei Seiten von bestehender Wohnbebauung und im Süden von einem Schulgelände begrenzt.

Ergebnis der Planung ist ein Gefüge von Wohnhäusern, das sich stark an der im Stadtbezirk vorhandenen Bebauung orientiert. Der öffentliche Grünzug wurde südöstlich der Schule fortgesetzt und von der neuen Bebauung auf dem ehemaligen Sportfeld eingerahmt. Vier Hausreihen schließen dort an die vorhandene Stadtstruktur an. Zwei quer dazu verlaufende Reihen ergänzen die Blöcke. Im südlichen Bereich komplettieren Mehrfamilienhäuser die bestehende Struktur und schärfen die Außenräume. Das geplante Gebäude des Förderzentrums wird durch eine bauliche Erweiterung der Schule im nördlichen Gebietseingang ersetzt, womit die Fläche der öffentlichen Grünanlagen erweitert werden kann. Dieser Bau bildet das Eingangstor zum bisher gesperrten Gebiet. Auf der Kernfläche des ehemaligen Sportplatzes ist das eigentliche Hauptensemble vorgesehen – gleichsam eine Fortsetzung des nordwestlich gelegenen Quartiers. Der „eigenen Haustür“ wird eine hohe Bedeutung zuteil. Die Größe der Wohnungen orientiert sich an der umliegenden Wohnbebauung; es wurden vier bzw. fünf nutzungsneutrale Räume in nur 110 m² geplant. Die in der Nachbarschaft vorhandenen Gärten ersetzten in der Neuplanung Dachterrassen und Lichthöfe. Und schließlich sollten die neuen Gebäude über die Backsteinfassade ein weiteres wichtiges Element des Ortes aufnehmen.

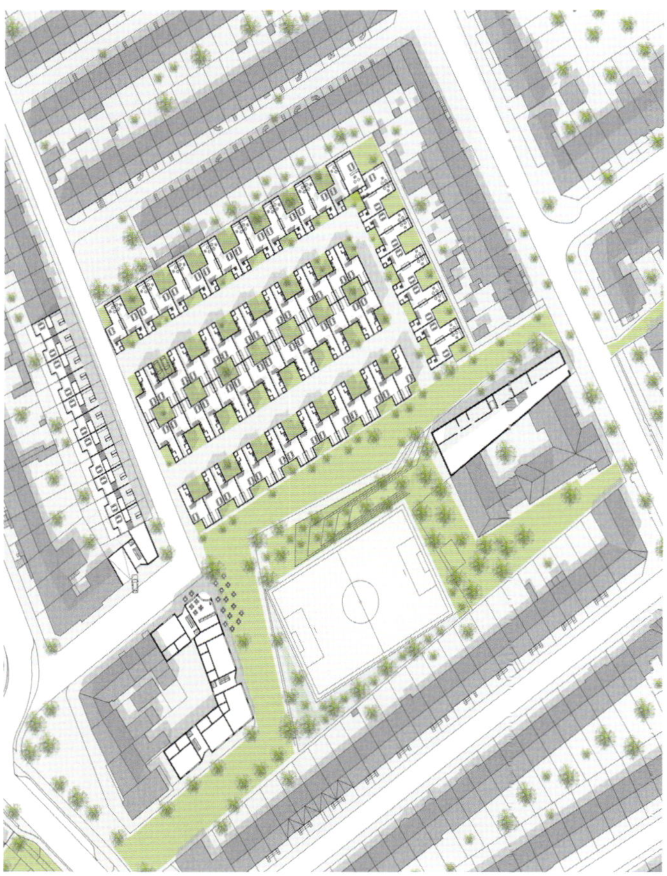

Plan der Neubebauung auf dem ehem. Sportplatz im Bremer Stadtteil Walle

Blick auf die Dachlandschaft

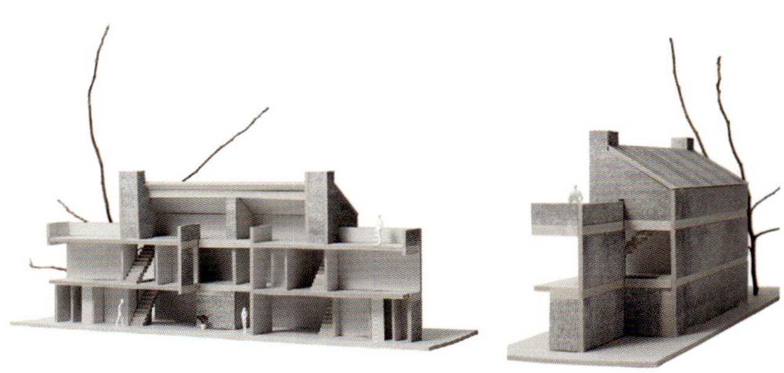

Modell der geplanten Häuser in Walle

Die AG von Johannes Modersohn verfasste einen Entwurf für neues Wohnen im ehemaligen Hafengebiet der Hansestadt Bremen, das eingebettet ist zwischen Weser und westlicher Stadterweiterung. Während die Stadt durch die Blockstruktur des Bremer Hauses und Siedlungen der Nachkriegsmoderne geprägt ist, bestimmen das Hafengebiet großformatige Lager- und Industriegebäude und eine besondere Form der Erschließung: Die Wasserflächen der Hafenbecken verschränken sich fingerartig mit den vielgliedrigen Gleisanlagen. Ausrichtung und Struktur der Hafenbebauung folgen dieser Logik – heute teilweise nur noch schwer nachvollziehbar. Diese historische Struktur machte die Arbeitsgruppe zur Grundlage Ihrer Erschließungskonzeption. Analog dieser Struktur wurden Baufelder entwickelt und orthogonal in sinnvolle Parzellengrößen unterteilt.

Die vorgefundenen Lagergebäude sind in Struktur und Maßstab für das Hafengebiet prägend. Der Erschließungsstruktur folgend wurden wabenförmige, drei- bis fünfgeschossige Gebäudekörper mit einer von Industrie- und Lagergebäuden abgeleiteten Dachgeometrie geplant. Diese solitären Stadtbausteine ergänzen die hafenstädtischen Gebäudetypologie und stärken so die städtische Identität. Entstanden ist eine Collage aus industrieller Erschließungslogik und europäischer Stadtkultur.

Mit Blick auf die aktuellen ökonomischen und ökologischen Anforderungen an eine moderne Stadtentwicklung wurde Geschosswohnungsbau entwickelt, der das Spektrum unterschiedlichster Lebensentwürfe bedienen kann. Ortsbezug stellen Backsteinfassade und das in Kupferblech ausgeführte Dach her.

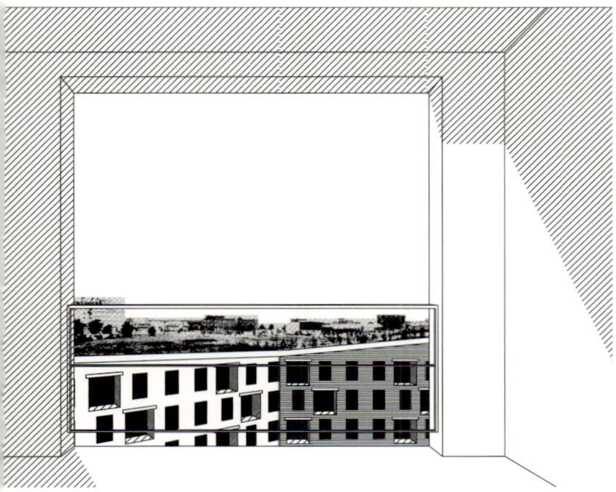

Ansicht Süd-West

Fassadendetail

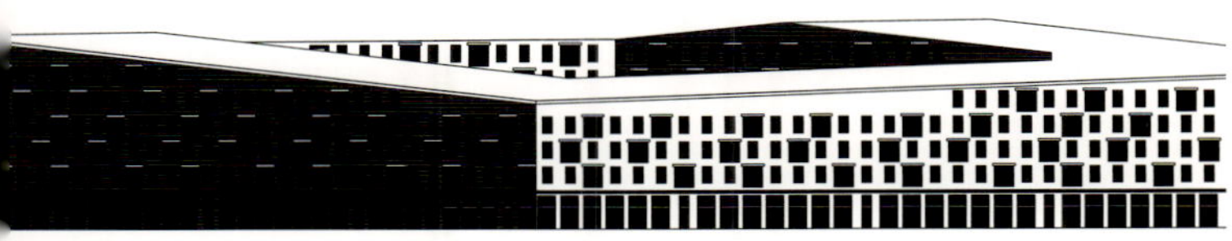

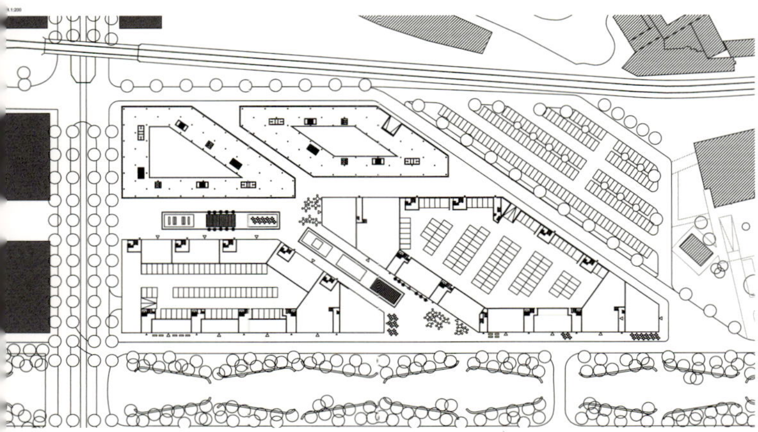

Lageplan/Erdgeschossgrundriss

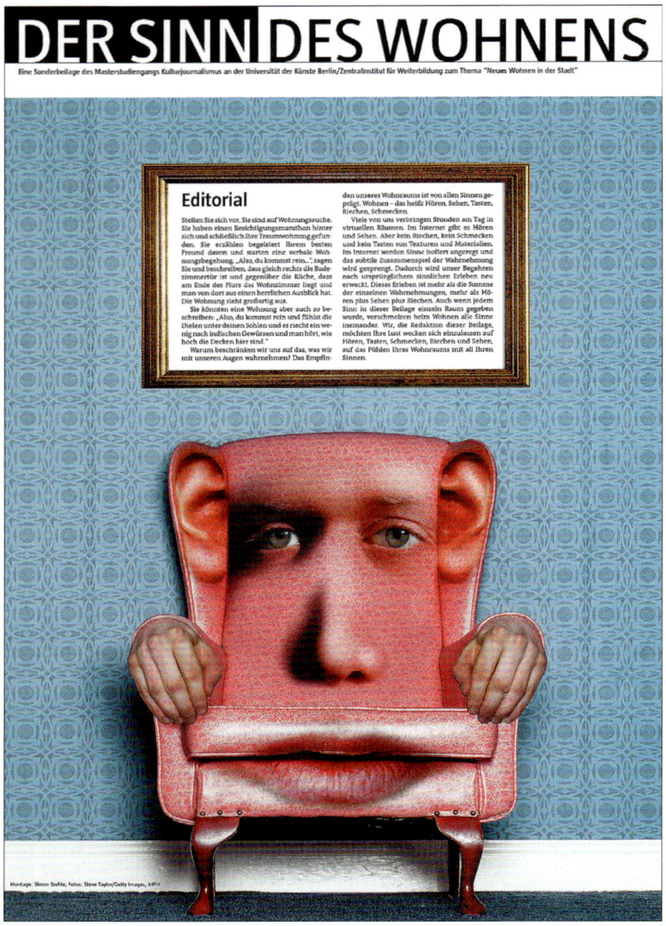

DER SINN DES WOHNENS

Eine Sonderbeilage des Masterstudiengangs Kulturjournalismus an der Universität der Künste Berlin/Zentralinstitut für Weiterbildung zum Thema "Neues Wohnen in der Stadt"

Editorial

Stellen Sie sich vor, Sie sind auf Wohnungssuche. Sie haben einen Besichtigungsmarathon hinter sich und schließlich Ihre Traumwohnung gefunden. Sie erzählen begeistert Ihrem besten Freund davon und starten eine verbale Wohnungsbegehung. „Also, du kommst rein...", sagen Sie und beschreiben, dass gleich rechts die Badezimmertür ist und gegenüber die Küche, dass am Ende des Flurs das Wohnzimmer liegt und man von dort aus einen herrlichen Ausblick hat. Die Wohnung sieht großartig aus.

Sie könnten eine Wohnung aber auch so beschreiben: „Also, du kommst rein und fühlst die Dielen unter deinen Sohlen und es riecht ein wenig nach indischen Gewürzen und man hört, wie hoch die Decken hier sind."

Warum beschränken wir uns auf das, was wir mit unseren Augen wahrnehmen? Das Empfinden unseres Wohnraums ist von allen Sinnen geprägt. Wohnen – das heißt Hören, Sehen, Tasten, Riechen, Schmecken.

Viele von uns verbringen Stunden am Tag in virtuellen Räumen. Im Internet gibt es Hören und Sehen. Aber kein Riechen, kein Schmecken und kein Tasten von Texturen und Materialien. Im Internet werden Sinne isoliert angeregt und das subtile Zusammenspiel der Wahrnehmung wird gesprengt. Dadurch wird unser Begehren nach ursprünglichem sinnlichen Erleben neu erweckt. Dieses Erleben ist mehr als die Summe der einzelnen Wahrnehmungen, mehr als Hören plus Sehen plus Riechen. Auch wenn jedem Sinn in dieser Beilage einzeln Raum gegeben wurde, verschmelzen beim Wohnen alle Sinne ineinander. Wir, die Redaktion dieser Beilage, möchten Ihre Lust wecken sich einzulassen auf Hören, Tasten, Schmecken, Riechen und Sehen, auf das Fühlen Ihres Wohnraums mit all Ihren Sinnen.

Montage: Simon Stehle; Fotos: Steve Taylor/Getty Images, AIPIX

TAZ-Beilage des Jahrgangs 2010

Baukultur in den Medien

Um angehende Journalisten/innen an das weite Themenfeld der Baukultur heranzuführen, bietet die Wüstenrot Stiftung am Masterstudiengang Kulturjournalismus der Universität der Künste Berlin jährlich das Fach „Baukultur in den Medien" an. Der Aufbau des Bildungsangebots gliedert sich in drei Blöcke: In einer theoretischen Einführung werden die Grundlagen für das jeweilige Thema gelegt. Daran schließt sich eine zweitägige Exkursion an, auf der Fallbeispiele besucht werden und die Gelegenheit besteht, Akteure und Protagonisten im jeweiligen Themenfeld kennenzulernen. Die letzte Phase ist der Praxis gewidmet, es werden ein Hörfunkfeature, Zeitungsartikel und ein Dokumentarfilm erarbeitet. Hörfunkfeatures aus dem Projekt konnten 2010 und 2011 im Programm Wellenreiter Kultur der UDK gesendet werden. In beiden Jahren entstand auch aus den Zeitungsbeiträgen jeweils eine Sonderbeilage zur TAZ. Die Dokumentarfilme wurden in enger Zusammenarbeit mit dem Rundfunk Berlin-Brandenburg (rbb) produziert und bundesweit ausgestrahlt. So können die Studierenden des Masterstudiengangs sich nicht nur erstmals mit dem Themenfeld Baukultur auseinandersetzen, sondern bekommen auch die Chance, sich in den verschiedenen Medien unter Bedingungen des beruflichen Alltags zu erproben.

Im Jahr 2010 wurde im Fach „Baukultur in den Medien" das Thema „Neues Wohnen in der Stadt" behandelt. Ein Vortragsprogramm führte in die Geschichte, die aktuellen Fragestellungen und in die Perspektiven des Wohnens in der Stadt ein, vertiefende Referate widmeten sich dem

Stills aus dem Film „Mein Baumhaus, mein Bunker, mein Boot – Wohnen als Erlebnis" 2010

Wohngrundriss und energieeffizientem Bauen. Die anschließende Exkursion führte zu aktuellen, innovativen Wohnungsbauten in Berlin. Besonders wichtig für die Studierenden war dabei, dass die verantwortlichen Architekten/innen die jeweiligen Führungen übernahmen und das von ihnen entworfene Gebäude erläuterten. Im Dialog mit den Fachleuten konnten sich die angehenden Kulturjournalisten unbefangen dem bislang eher fernliegenden Thema nähern. Daraus entstand ein einstündiges Hörfunkfeature, das sich ausführlich Segregationsprozessen in Berlin am Beispiel des Berliner Schlachthofgeländes widmete. Mit den Sinnen näherte sich die vierseitige TAZ-Beilage „Der Sinn des Wohnens“ dem Thema. Der mit dem rbb produzierte Dokumentarfilm „Mein Baumhaus, mein Bunker, mein Boot – Wohnen als Erlebnis“ recherchierte ungewöhnliche Wohnprojekte in und um Berlin.

Exkursion des Jahrgangs 2011 zu Ausgrabungen am Großen Jüdenhof (Foto © Carsten Großeholz)

Im Jahr 2011 wurde das Bildungsangebot der Wüstenrot Stiftung an der UDK Berlin unter den Titel „Stadtplan und Zeitschichten“ gestellt. Berlin ist seit jeher eine Stadt des Wandels. Menschen kommen und gehen; architektonische Relikte aus vergangenen Jahrzehnten weichen neuen, modernen Baukomplexen. In dem Projekt wurde versucht, noch Überreste aus vergangenen Jahrhunderten zu finden und Leerstellen zu identifizieren. Im Vordergrund stand die Frage, weshalb mit historischen Zeugnissen innerhalb einer Stadt so unterschiedlich umgegangen wird und wer die Akteure in diesen Prozessen sind.

Gemeinsam mit dem rbb entstand eine 30-minütige Filmdokumentation über den Rosa-Luxemburg-Platz im Wandel der Zeit. Vorgestellt werden Hintergründe über die unterschiedlichen Stadien der Platzgestaltung vom 18. Jahrhundert bis heute. Im besonderen Fokus stehen dabei die 1920er-Jahre, als der Platz Zentrum des deutschen Kommunismus war, die NS-Zeit, als er den Namen Horst-Wessel-Platz trug, und die Veränderungen in der DDR bis heute. Der Film wird voraussichtlich im Frühjahr 2012 im rbb-Fernsehen gezeigt. Die aus dem Projekt entstandene achtseitige TAZ-Beilage „Darunter die Stadt“ hat u. a. die Geschichte und die Diskussionen um den Berliner Petri- und um den Schlossplatz zum Thema. Und das Hörfunk-Magazin „Wellenreiter Kultur!“ brachte bereits im Dezember 2011 Beiträge zum Thema „Leerstellen“, die sich mit dem „Großen Jüdenhof“ in Berlins alter Mitte, aber auch mit der jüngeren Geschichte der Stadt wie der militärischen Abhöranlage auf dem Teufelsberg befassen.

(Projektlaufzeit Phase II seit 2010)

Freiwilliges Soziales Jahr Kultur

Die Wüstenrot Stiftung hat in den Jahren 2010 und 2011 Einsatzstellen für Teilnehmer/innen des Freiwilligen Sozialen Jahr Kultur an renommierten Kulturinstitutionen in Baden-Württemberg ermöglicht, so am Reiss-Engelhorn Museum in Mannheim, in den Pausa-Werken in Mössingen, in der Villa Merkel in Esslingen, im ZKM in Karlsruhe, im Landesmuseum Württemberg, in der Akademie Schloss Solitude, im Forum der Kulturen und dem Stadtlabor in Stuttgart sowie an der Filmakademie Baden-Württemberg in Ludwigsburg. Vierzehn junge Erwachsene haben auf diesen Stellen mit viel Engagement und Freude das freiwillige Bildungs- und Engagementjahr absolviert.

Seit über vierzig Jahren können sich junge Menschen im Rahmen eines freiwilligen sozialen Jahres engagieren. Was zunächst in sozialen Einrichtungen unter dem diakonischen Gedanken begann und sich später auf den ökologischen Bereich ausdehnte, ist seit 2001 auch in den unterschiedlichen kulturellen Einrichtungen möglich: ein identitätsstiftendes und gemeinschaftsförderndes Bildungs- und Engagementangebot für junge Menschen zwischen 16 und 26 Jahren. Ein Jahr lang arbeiten sie freiwillig in kulturellen Einrichtungen, Initiativen und Projekten mit. Freiwilliges Engagement bietet Jugendlichen die Möglichkeit, Gesellschaft aktiv mitzugestalten. Kulturarbeit hält vielfältige Herausforderungen für junge Menschen bereit, eigene Potenziale freizulegen und vorberufliche Erfahrungen zu sammeln.

Gleichzeitig gewinnen die Museen und Kultureinrichtungen mit den Freiwilligen junge Mitarbeiter/innen, die mit ihren Erfahrungen und ihrer Lebenswelt der für alle kulturellen Institutionen so wichtigen Zielgruppe der Kinder und Jugendlichen nahestehen. Gerade in der Arbeit an Projekten für junge Besucher/innen geben die Freiwilligen des FSJ Kultur wichtige Anregungen und gewähren den Anschluss an die junge Generation.

Begleitet wird das FSJ Kultur von mehreren Bildungstagen pro Jahrgang. Die Wüstenrot Stiftung hat zum Thema „Gebaute Zukunft – Architektur und Stadtplanung“ 2011 einen Bildungstag angeboten, der von knapp 30 Freiwilligen wahrgenommen wurde. Am Fachbereich Architektur der Universität Stuttgart wurden die elementaren Aufgaben von Architektur und Stadtplanung vorgestellt und Gelegenheit gegeben, sich über das Architekturstudium zu informieren. Desweiteren wurde die Weißenhofsiedlung, eine Wohnutopie der klassischen Moderne, und ein nach architektonischen wie energetischen Gesichtspunkten innovativer neuer Wohnungsbau besichtigt.

(Projektlaufzeit seit 2009)

(Beide Fotos © Bundesvereinigung Kulturelle Kinder- und Jugendbildung e.V.)

Exkursion der Teilnehmer/innen am FSJ Kultur ins Weissenhofmuseum in Stuttgart

Jugend pro Beruf

Das Projekt „Jugend pro Beruf“ wird in enger Zusammenarbeit mit der Mensch Technologie Organisation (MTO) Psychologische Forschung und Beratung GmbH und dem Verein zur Förderung der Berufswahlkompetenz junger Menschen im Landkreis Ludwigsburg (bam e.V.) umgesetzt. Weitere unterstützende Institutionen sind die Kreishandwerkerschaft Ludwigsburg, die IHK Region Stuttgart (Bezirkskammer Ludwigsburg) sowie das Staatliche Schulamt Ludwigsburg.

Das Projekt setzt gezielt an Hauptschulen und Werkrealschulen an, die aufgrund hoher Schulabbrecherquoten und einer aus Sicht vieler Betriebe schwindenden Ausbildungsreife häufig als das schwächste Glied in unserem Bildungssystem betrachtet werden. Die Kooperationspartner versuchen deshalb in diesem Modellprojekt zu klären, mit welchen Maßnahmen vor allem solche Jugendliche, die unter schwierigen Rahmenbedingungen aufwachsen, bei ihrem Übergang in eine Berufsausbildung unterstützt werden können.

Die konkreten Ziele des Projekts sind:
- Verbesserung der Schulbildung (mehr Schüler/innen mit Schulabschluss)
- Erhöhung der Ausbildungsfähigkeit der Schüler/innen
- Verbesserung der Berufsorientierung der Schüler/innen
- Unterstützung der Projektschulen in Bezug auf ihr Berufsorientierungskonzept

Das Projekt wurde in zwei Phasen gegliedert. Die erste Phase des Projekts diente der Analyse relevanter Maßnahmen zur erfolgreichen Implementierung von ergänzenden Maßnahmen der Berufsorientierung an Schulen sowie der Unterstützung der Schüler/innen beim Übergang von der Schule in eine Ausbildung. Zur nachhaltigen und effizienten Förderung der Schüler/innen wurden in diesen Maßnahmen folgende Dimensionen abgedeckt: Stärkung der Kernkompetenzen, Durchführung sozialpädagogischer Maßnahmen, Umsetzung berufsorientierender Maßnahmen, Einbezug der Eltern mittels Elternarbeit.

In der zweiten Projektphase werden nun diejenigen Maßnahmen, die sich im ersten Teil bewährt haben, an den Projektschulen weiter umgesetzt und fortgeschrieben. Zur ergänzenden Unterstützung der Projektschulen bei der Berufsorientierung wurde zudem eine „Azubi-Akademie“ gegründet und in den bam e.V. integriert.

Diese Azubi-Akademie hat die Aufgabe, den Übergang der Schulabgänger/innen in ein Ausbildungsverhältnis zu begleiten und zu unterstützen, die Anzahl der Ausbildungsabbrüche zu verringern und die Projektschulen bei deren Aktivitäten zur Berufsorientierung und bei der Implementierung und Gestaltung eines ganzheitlichen Konzepts zur Berufsorientierung mit Hilfe des Verfahrens "Qualitätszentrierte Berufsorientierung" zu unterstützen.

Die beiden Projektphasen dienen als Pilotprojekt für die Fortschreibung eines Modells für die Berufsorientierung, das auf andere Regionen übertragbar ist. Zur Sicherstellung eines hohen Qualitätsstandards wird das Projekt durch die MTO Psychologische Forschung und Beratung GmbH Tübingen wissenschaftlich begleitet. Ihre Aufgaben sind:
- Mitgestaltung der Konzeption des Projekts
- Regelmäßige qualitätssichernde Maßnahmen (z. B. Entwicklung eines Kriterienkatalogs zur Qualitätssicherung, externe Audits)
- Prozessbegleitende Evaluation
- Qualifizierung der Projektschulen zum Verfahren "Qualitätszentrierte Berufsorientierung"
- Durchführung von Status- und Bedarfsanalysen in Bezug auf die Berufsorientierung an den Projektschulen
- Einzelberatungen der Projektschulen in Bezug auf ihre Berufsorientierung.

Die Erkenntnisse aus dem Projekt werden laufend dokumentiert und vor allem mit Blick auf die beteiligten Schulen ausgewertet. Nach Abschluss des Projekts werden sie in Form einer Veröffentlichung auch der Öffentlichkeit zur Verfügung gestellt.

(Projektlaufzeit seit 2009)

Artjom Michel, der mit Hilfe des Projekts Jugend pro Beruf eine Ausbildungsstelle gefunden hat, informiert Hans-Ulrich Schulz über seine Tätigkeit. Im Hintergrund von links: Holger Fligge (bam e.V.), Ulrich Zeiß (Inhaber des Ausbildungsbetriebs), Isolde Steigelmann (Schulrektorin)
(Foto © Benjamin Stollenberg | Fotografie)

Kunst und Kultur

Ziel dieses Programms ist die Bewahrung und Förderung von Kunst und Kultur. In Ergänzung zu ihrem Denkmalprogramm, das dem Erhalt und der Revitalisierung bedeutender Denkmale dient, und zur Förderung junger Menschen und des künstlerischen Nachwuchses entwickelt die Wüstenrot Stiftung Projekte, die dazu beitragen, bedeutende kulturelle Werte zu bewahren. Dabei zielen die in den Projekten angewandten Maßnahmen sowohl auf die physische Erhaltung als auch auf die Sicherung und Verankerung kultureller und künstlerischer Leistungen im Gedächtnis der Gesellschaft. Besonders die Kommunikation von Kulturwerten nimmt in diesem Bereich eine herausgehobene Stellung ein.

Eines der aktuellen Projekte ist „Literatur bewahren!“, das sicherstellen soll, dass bedeutende historische Texte auf dem Buchmarkt verfügbar und damit dem kulturellen Kanon erhalten bleiben. Darüber hinaus engagiert sich die Stiftung für die Bewahrung der einzigartigen und umfangreichen Sammlung von Stoffmustern, Stoffentwürfen und Musterbüchern der Pausa-Werke.

Literatur bewahren!

Mit der Deutschen Akademie für Sprache und Dichtung hatte die Wüstenrot Stiftung 2008 eine Editionsreihe aufgelegt, die vom Vergessen bedrohte literarische Werke einer breiten Leserschaft bekannt und zugänglich machen möchte. Die Editionen werden von einem/r zeitgenössischen Schriftsteller/in als „Pate/in" begleitet. Sie erläutern in einem einführenden Essay die Bedeutung der Werke und stellen diese auch im Rahmen einer Lesereise gemeinsam mit namhaften Schauspielern/innen der Öffentlichkeit vor. In den Jahren 2010 und 2011 konnten drei Ausgaben in dieser Reihe erscheinen.

Den Anfang machten die Werke von Adolph Freiherr Knigge (1752-1796) mit der vielfach ausgezeichneten Autorin Sibylle Lewitscharoff als Patin. Knigge diente mehrere Jahre an deutschen Fürstenhöfen, bevor er versuchte, vom Schreiben zu leben. Er war nicht nur ein Menschenkenner und Freund aufgeklärter Geselligkeitskultur – Heinrich Heine nannte ihn einen „tiefen Kenner der Menschen und Bestien" –, sondern galt auch als politischer Feuerkopf. Er war ein streitbarer Gegner des Feudalabsolutismus und Anhänger der Französischen Revolution. Bekannt ist Knigge heute vor allem als Autor des Werkes „Über den Umgang mit Menschen", das immer wieder als Benimm-Fibel missverstanden wird. Sein berühmtes Hauptwerk, drei Romane und weitere wichtige Texte Knigges wurden mit der neuen Edition sorgfältig kommentiert vorgelegt. Die Auswahl bietet einen Querschnitt durch das umfangreiche Oeuvre Knigges, der es den heutigen Lesern ermöglicht, sein facettenreiches Werk zu entdecken.

Es folgten die Gedichte Oskar Loerkes (1884-1941). Loerke gilt als einer der bedeutendsten und einflussreichsten deutschen Lyriker des 20. Jahrhunderts. Seine Gedichte werden unter den Stichworten Expressionismus, Naturdichtung oder Innere Emigration kategorisiert. Doch wird diese Reduktion der thematischen Vielfalt und dem Formenreichtum seiner Dichtung nicht gerecht, die weite geschichtliche, mythologische und geographische Räume umgreift. Loerkes Hauptwerk, seine Lyrik, ist seit Jahrzehnten vom Markt verschwunden. Mit der Ausgabe der Deutschen Akademie und der Wüstenrot Stiftung wurde sein Werk wieder zugänglich. Sie enthält seine zu Lebzeiten veröffentlichten sieben Gedichtbücher, von „Wanderschaft" (1911) bis „Wald der Welt" (1936); ebenso das seiner Verzweiflung über die NS-Zeit abgetrotzte Spätwerk (1937-1941), das bisher noch kaum eine Öffentlichkeit gefunden hat. Hinzu kommen Essays, die sich unmittelbar auf seine Dichtung beziehen. Der Ingeborg-Bachmann-Preisträger Lutz Seiler, 1963 in Gera geboren, stellt Oskar Loerke in einem einleitenden Essay vor und lässt das Werk aus der eigenen Lektüreerfahrung heraus lebendig werden.

Zuletzt ist in dieser Reihe „Rahel. Ein Buch des Andenkens für ihre Freunde", die postume Sammlung der Briefe und Notizbuchaufzeichnungen Rahel Levin Varnhagens (1771-1833) erschienen. In Varnhagens Berliner Salon trafen sich zwischen 1790 und 1806 Menschen verschiedenster Schichten und Weltanschauungen, darunter zahlreiche Schriftsteller. Rahel selbst hat kein literarisches Werk in einem der gängigen Genres hinterlassen, allerdings korrespondierte sie exzessiv mit 130 Briefpartnern, darunter den Großen ihrer Zeit. Ihre Briefe fesseln noch heute durch ihre Unmittelbarkeit und Spontaneität. Gemeinsam mit den Notizbuchaufzeichnungen können sie als das „opus magnum" dieser „Schriftstellerin ohne Werk" gelten. Schon bald nach Rahels Tod fand das von ihrem Mann, Karl August Varnhagen von Ense, herausgegebene „Buch des Andenkens" großes Interesse. In der Folge bereitete er eine erheblich erweiterte Fassung vor, die aber nie veröffentlicht wurde. Barbara Hahn hat diese Ausgabe mit knapp 1.600 Briefen nach dem Manuskript der Sammlung Varnhagen rekonstruiert. In einem einleitenden Essay stellt Brigitte Kronauer Leben und Wirken einer der faszinierendsten Frauen des 19. Jahrhunderts vor.

Die drei Ausgaben wurden auf erfreulich gut besuchten Lesereisen vorgestellt, wobei prominente Schauspieler/innen wie Dieter Mann (Knigge), Frank Arnold (Loerke) und Corinna Harfouch (Varnhagen) die Lesung der Texte übernommen haben.

(Projektlaufzeit seit 2008)

Buchvorstellung im Frankfurter Literaturhaus
(Fotos: Heinrich Völkel © Wüstenrot Stiftung)

„Rahel. Ein Buch des Andenkens“: Editorin Barbara Hahn, Schauspielerin Corinna Harfouch und die Patin der Ausgabe Brigitte Kronauer auf der Buchvorstellung im Frankfurter Literaturhaus

Stoffmustersammlung der PAUSA-Werke

In der Stadt Mössingen befindet sich mit dem Komplex der ehemaligen Firma PAUSA eines der architektonisch bedeutendsten Industrieensembles im deutschen Südwesten. Die Gebäude und ihre künstlerische Ausstattung sowie die einzigartige Stoffmustersammlung wurden 2003 als „Sachgesamtheit von besonderer Bedeutung" in das Denkmalbuch von Baden-Württemberg eingetragen. Die Druckdesigns der Firma PAUSA wurden von namhaften Künstlern entworfen, an der Spitze HAP Grieshaber, Willi Baumeister, Anton Stankowski und Piero Dorazio. Die Sammlung von Stoffmustern, Stoffentwürfen, Musterbüchern einschließlich Bibliothek bildet ein einzigartiges historisches Archiv zur Geschichte des Textildrucks im 20. Jahrhundert. Die Wüstenrot Stiftung hat sich an der Dokumentation und Inventarisierung der weltweit einzigartigen Bestände der PAUSA-Werke von April 2009 bis Oktober 2011 beteiligt. In diesem Zeitraum konnten ca. 60 Prozent der Bestände dokumentiert und inventarisiert werden. Kooperationspartner waren die Landesdenkmalpflege Baden-Württemberg, die Stadt Mössingen und die Kulturstiftung des Bundes.

Da das bedeutende Kulturerbe für eine angemessene wissenschaftliche Aufarbeitung, die als Grundlage für weitere Forschungsarbeiten und die museale Präsentation dienen soll, in seiner Gesamtheit erfasst und erhalten werden muss, setzt die Wüstenrot Stiftung ihr Engagement mit den bewährten Projektpartnern fort.

(Projektlaufzeit seit 2009)

Die Stoffmuster werden vor der Dokumentation und Archivierung gereinigt (Foto © Gabriele Braun)

Das Textildesign (ein Filmdruck) ist eine Gemeinschaftsproduktion: die Figur ist von einem Holzschnittabzug von HAP Grießhaber auf Sieb übertragen, die Blumen sind von Riccarda Gregor, seiner zweiten Ehefrau, gedruckt auf leichte Baumwolle, Leinwandbindung. An den Disteln ist zu erkennen, dass sie keine Textildesignerin war, denn den Disteln hätte man normalerweise die Spitzen genommen. Es ist also ein Künstlerdruck. Bemerkenswert ist auch, dass der Holzschnitt übergedruckt ist, üblicherweise hätte man ausgespart. Es ist daher anzunehmen, dass es das Blumenmotiv auch ohne Holzschnitt gibt oder gab. Das gleiche gilt für die Replik des Holzschnitts (Dieses und alle weiteren Fotos © Engelbert Schramm)

Entwurf aus dem Jahr 1967 von Edward Terzebashian, Holland, später Finnland (sein Atelier hieß dort Suomi-Design). Terzebashian kopierte die kleine Blume hier auf Fotopapier, was er häufig machte, und kolorierte dann von Hand. Das angeschnittene rote Quadrat rechts bedeutet: Filmemalereiauftrag erledigt

Kleiderstoff von Beazley & Browne, London, um 1980. Der ebenfalls erhaltene Entwurf zeigt das Muster komplett, doch wurde der Stoff auch nur als Kontur auf den Markt gebracht. Solche Dekonstruktionen sind bei der PAUSA selten

Kindermuster von (Adolf) Andreas Felger aus den 1960er-Jahren, der Fond des Entwurfs ist nur zum Teil ausgeführt

Aus einem Musterbuch, Ende der 1950er-Jahre. Der malerische Duktus ist für diese Zeit hervorragend umgesetzt. Um 1960 blühte die PAUSA auf - sowohl was traditionelle Blumenmuster als auch die Abstraktion angeht, der qualitative Sprung in der technischen Umsetzung durch die Filmemaler und die Coloristen ist ablesbar

Wettbewerbe, Preise und Stipendien

Mit Preisen und Stipendien fördert die Wüstenrot Stiftung – zum Teil als Partner anderer Organisationen – wegweisende Ideen, Leistungen und Vorhaben. Sie zielt damit auf die allgemeine Bekanntmachung beispielgebender Projekte und Persönlichkeiten ab und befördert deren Weiterentwicklung. Hierfür stehen unter anderem der „Gestaltungspreis der Wüstenrot Stiftung“ der Wettbewerb „Land und Leute – Bildung und Kultur in kleinen Gemeinden“ sowie der „Dokumentarfotografie Förderpreis“, den die Stiftung in Kooperation mit dem Museum Folkwang vergibt.

(Foto: Michael Grosler © Wüstenrot Stiftung)

Gestaltungspreis 2010
Neues Wohnen in der Stadt

Attraktive Angebote für ein zeitgemäßes Wohnen in der Stadt sind gefragt. Sie erfreuen sich wachsender Beliebtheit und werden von immer mehr Bevölkerungsgruppen gewählt. Für viele Städte bietet diese Entwicklung neue Gestaltungschancen in Zeiten von Stadtreparatur, städtebaulicher Erneuerung, wirtschaftlichem Umbruch und gesellschaftlichem Wandel. Brachliegende Flächen und Gebäude, die aus ihrer bisherigen Nutzung fallen, können über eine neue Wohnfunktion revitalisiert, innerstädtische Quartiere stabilisiert und die eigene Position der Stadt im interkommunalen Wettbewerb verbessert werden.

In zahlreichen Projekten zeigen sich die Potenziale, die für eine Weiterentwicklung der bisher dominierenden Formen des Wohnens in der Stadt vorhanden sind. Umweltgerechte, nachhaltig ausgerichtete Projekte, die Synergie aus kurzen Wegen und engen Verbindungen zwischen Arbeiten und Wohnen, eine gemeinschaftliche Orientierung und neue baukulturelle Akzente – das sind wichtige Stichworte zum neuen städtischen Wohnen.

Der bundesweite Gestaltungspreis „Neues Wohnen in der Stadt“ der Wüstenrot Stiftung hat hierzu aktuelle und beispielhafte Angebote aus ganz Deutschland gesammelt. Es handelt sich um neue Angebote für das Wohnen in der Stadt, die sich aus dem Neubau, dem Umbau und der Umnutzung von Gebäuden ergeben. Das Spektrum der Einsendungen reicht vom modernen Geschosswohnungsbau über alle Formen von Umbau und Umnutzung bis zu verdichtetem Neubau, gemeinschaftlichen Wohnprojekten und urbanen Wohnformen wie Stadthäuser und analoge Typen.

Mit 438 Einsendungen zählt dieser Gestaltungspreis auch quantitativ wieder zu den bedeutenden Architekturwettbewerben in Deutschland. Eine international besetzte Jury unter dem Vorsitz von Andreas Hild hat in mehreren Sitzungen, zwischen denen die Gebäude der „Engeren Wahl“ vor Ort besichtigt wurden, über die Vergabe des Gestaltungspreises und weiterer Prämierungen entschieden.

Ausgezeichnet wurden wegweisende Wohnbauten, die Nachhaltigkeit im Sinne von soziokulturellen, wirtschaftlichen und ökologischen Eigenschaften in vorbildlicher Weise realisieren. Die Arbeiten leisten zugleich einen wichtigen Beitrag für die Baukultur in Deutschland und für die Unverwechselbarkeit unserer Städte.

Aus der Jurysitzung
(Fotos: Stefan Krämer © Wüstenrot Stiftung)

Jurysitzung mit Präsentation aller Einsendungen

Der mit 15.000 EUR dotierte Gestaltungspreis wurde für den Umbau und die Umnutzung des **„Stadtregal" in Ulm** an die Planungsgemeinschaft Braunger Wörtz Architekten und Rapp Architekten (Ulm) vergeben. Damit würdigt die Jury den beispielhaften Umbau vorhandener Gebäudesubstanz als ein wesentliches Zukunftsthema beim Wohnen in der Stadt. Besonders überzeugend sind dabei der Umgang mit der industriellen Substanz und die nutzerorientierte, pragmatische Lösung vieler Detailfragen. Eine fließende Abfolge von Wohnen und Arbeiten sowie eine variable und in hohem Maße auf die Bedürfnisse der einzelnen Nutzer ausgerichtete Baustruktur vereinen in sich alle Vorzüge des Wohnens in der Stadt. In Verbindung mit der Renaturierung der Blau, eines Zuflusses der Donau, erhält die Stadt Ulm durch diese Umwandlung aus einem überwiegend brachliegenden Industrieareal ein wichtiges Stück attraktiver und lebendiger Stadt.

Aus der Begründung der Jury: Das Projekt bearbeitet beispielhaft eines der wesentlichen Zukunftsthemen – den Umbau vorhandener Bauten. Frei von intellektuellen Überhöhungen wird eine Struktur mit verschiedenen Nutzungen gefüllt. Besonders überzeugt hat die Jury der selbstverständliche Umgang mit der industriellen Substanz und die pragmatische Lösung von Detailfragen. Und zwar insbesondere deshalb, weil eben diese Fragen häufig den Umbau ähnlicher Strukturen verhindern. Das Projekt stellt so einen eigenständigen architektonischen Beitrag dar und ist imstande, partizipatorische Ansprüche zu integrieren.

Stadtregal Ulm
(Foto: Armin Buhl © Wüstenrot Stiftung)

Die zweite Preiskategorie bildeten drei Auszeichnungen mit je 7.500 EUR:

Für das **Atelier Katharina Grosse in Berlin** von Augustin und Frank Architekten (Berlin). Das Ateliergebäude schafft in enger Abstimmung zwischen Bauherrin und Architekten eine neue und gestalterisch überzeugende Verbindung von individuellem Arbeiten und Wohnen. Als vorbildliche Einzelintervention liefert es zugleich wichtige Impulse für die Revitalisierung und Weiterentwicklung eines urbanen Standorts im großstädtischen Kontext.

Aus der Begründung der Jury: Das Ateliergebäude an der Lehrter Straße revitalisiert einen bis dahin verkommenen Teil der Stadt auf sensible Art und Weise. Die Setzung des Bauvolumens interpretiert den Blockrand neu und schafft eine überraschende räumliche Situation. Mit der Respektierung und Integration von Resten der Vorgängerbauten wird eine selbstverständliche Einbettung in einen urbanen Kontext geschaffen, ohne dass dabei die eigene Identität verleugnet wird. Mit einer intelligenten Anordnung der Räume entsteht ein Raumkonzept ohne Gänge, welches mit präzisen Öffnungen überraschende Bezüge zur Stadt herstellt. Es handelt sich um eine überzeugende Einzelintervention im großstädtischen Kontext.

Eine zweite Auszeichnung ging an das **Loft Wohnen in den Münchner Lenbach Gärten** von Steidle Architekten (München). Das Projekt zeigt überzeugend, dass urbanes Wohnen heute als eigenständige Entwurfsaufgabe verstanden werden kann. So setzt es nach Auffassung der Jury einen hohen Standard, der sowohl einen authentischen Münchner Charakter besitzt als auch gleichgesetzt werden kann mit den besten Beispielen großstädtischen Wohnens in London, New York und Paris.

Aus der Begründung der Jury: Die Architektur des Wohnens wird oft noch verstanden als Weiterentwicklung der modernistischen Auffassung von „rationeller Bauungsweise" und der „Wohnung für das Existenzminimum". Das Projekt zeigt überzeugend, dass großstädtisches Wohnen heute eine eigenständige Entwurfsaufgabe ist. Es setzt einen hohen Standard, der sowohl einen authentischen Münchener Charakter besitzt, als auch verwandt ist mit den besten Beispielen aus New York (Richard Meier – Hudson River/Charles Street) und Paris (Bercy).

Atelier Katharina Grosse
(Foto: Werner Huthmacher © Wüstenrot Stiftung)

Loft Wohnen – Lenbach Gärten
(Foto: Müller-Naumann Fotodesign © Wüstenrot Stiftung)

Die dritte Auszeichnung wurde für ein von **zwei Baugemeinschaften in Berlin** gebildetes Ensemble vergeben, das eine hohe städtebauliche und architektonische Qualität mit flexiblen Grundrissen und hohem Energiestandard verbindet. Gemeinsam mit den beteiligten Baugemeinschaften gelingt es zanderroth architekten (Berlin), ein in mehrfacher Hinsicht innovatives Wohnprojekt zu realisieren, das zugleich einen wichtigen Beitrag für die Aufwertung des umgebenden Quartiers liefert.

Aus der Begründung der Jury: Die beiden Berliner Baugemeinschaftsprojekte bestechen gleichermaßen durch ihre hohe städtebauliche und architektonische Qualität. Herausragendes Merkmal ist der kleine Quartiersplatz in der Nordostecke des Projekts RuSc, der von der selbstnutzenden Baugemeinschaft als quartiersöffentlicher Raum entwickelt, genutzt und unterhalten wird. Beide Wohnprojekte zeichnen sich durch qualitätvolle flexible Grundrisse und einen hohen Energiestandard aus. Der intensive Planungsprozess und ein Austausch zwischen Architekten und Nutzern führten zu einem innovativen und integrierten Wohnprojekt, das für die Aufwertung des umgebenden Quartiers eine Schlüsselfunktion erfüllt.

Fünf Anerkennungen (3. Preiskategorie) zu je 2.500 EUR erhielten:

meck architekten, Stephan Köppel und Architekten am Pündtner Platz (alle München) für die **Wohnanlage Lothringer Straße** in München.

Aus der Begründung der Jury: Zwischen Lothringer Straße und Rosenheimer Straße in München Haidhausen gibt es einen Durchstich durch einen langen, schmalen Baublock. Zwei Höfe können durchquert werden, sie sind zugleich öffentlich und privat. Das macht einerseits ihren Reiz aus, schafft andererseits aber auch offensichtliche Konflikte infolge mangelnder Rückzugsmöglichkeiten in einem dichten, lebendigen Stadtviertel. Die Gruppe von Häusern fügt sich geschmeidig in die heterogene Umgebung ein und bietet ab dem 1. Obergeschoss hervorragende Wohnungen an. Das Projekt hat innerhalb der Jury einen Beitrag zur Debatte um den Grad von öffentlichem Zugang bei innerstädtischem Wohnungsbau geleistet.

Baugruppenprojekte RuSc und sc11
(Foto: Andrea Kroth © Wüstenrot Stiftung)

Wohnanlage mit Ladennutzung und denkmalgeschütztem Anbau
(Foto: Michael Heinrich © Wüstenrot Stiftung)

Eine zweite Anerkennung wurde Grüntuch Ernst Architekten (Berlin) für das **Wohnhaus Auguststraße 51** in Berlin zugesprochen.

Aus der Begründung der Jury: Das Gebäude fügt sich trotz seiner offenen, transparenten Fassade selbstverständlich in die Baulücke in der Berliner Auguststraße ein. Das Raumkonzept ist flexibel und reicht von konventionellen Wohngrundrissen bis zu offenen Lofts mit Kombinationen aus Wohnen und Arbeiten. Die Maisonettegeschosse sorgen über Galerien für eine attraktive Belichtung der Räume. Insgesamt bietet das Haus mit seiner Transparenz, einem vielfältigen Angebot von Loggien und Terrassen sowie dem flexiblen Raumkonzept ein zukunftsfähiges Wohnen in der Stadt.

Fink + Jocher (München) erhielten für das **Wohn- und Geschäftshaus in der Schützenstraße 32** in Neu-Ulm eine Anerkennung.

Aus der Begründung der Jury: Das Projekt implantiert einen großen nutzungsneutralen Baukörper in das Gefüge der Stadt. Die städtebaulichen Transformationen bilden überzeugende stadträumliche Bezüge und Situationen, die sich sogar bis in die Fassadenstruktur ablesen lassen. Die vertikale Schichtung ermöglicht zusammen mit der sparsamen Erschließung auch in Zukunft vielfältige Nutzungen.

Eine weitere Anerkennung ging an WUDA* Wurfbaum Dantas Architects (München) für die als **„Tridom Puzzle“** bezeichnete Aufstockung eines Gebäudes in München.

Aus der Begründung der Jury: Nahe der Leopoldstraße in München wurden zwei Geschosse auf ein unspektakuläres Wohnhaus aufgesetzt. Das alte Haus wird als Sockel verstanden, darauf die luftigen Etagen mit Ausblick. Der Standort ist außergewöhnlich, aber mit allen urbanen Qualitäten gesegnet. Dort ein „Grundstück“ zu generieren, wird als positiver Beitrag im teuren Immobilienmarkt Münchens gewertet. Die Anmutung eines leichten Sommerhauses auf muralem Sockel hebt den Neubau aus dem dispersen Umfeld hervor, ohne aufzutrumpfen. Drei unterschiedliche Wohnungen profitieren durch räumliche Verschränkung jeweils von den unterschiedlichen Orientierungsqualitäten über den Dächern der Stadt. Das Projekt ist beispielhaft für die Aufgaben ständiger Transformation, Adaptierung und Realisierung von Potenzialen im Bestand.

Baugruppenhaus Auguststraße 51
(Foto: Jan Bitter © Wüstenrot Stiftung)

Stadthaus Neu-Ulm
(Foto: Michael Heinrich © Wüstenrot Stiftung)

Tridom Puzzle
(Foto: Henning Köpke © Wüstenrot Stift

Léon Wohlhage Wernik Architekten (Berlin) wurden für das **Wohnen am Mittleren Ring** in München prämiert.

Aus der Begründung der Jury: Ausgangspunkt des Wohnprojekts war es, für eine bestehende Zeilenbebauung aus den 1950er-Jahren eine abschirmende Lärmschutzanlage zu gestalten und auf diese Wiese zusätzlichen Wohnraum zu gewinnen. Die Architekten lösen die Bauaufgabe mit einer straßenseitigen Wohnanlage mit zwei unterschiedlichen Gestaltungen: zum Mittleren Ring mittels einer eingefärbten Plattenfassade mit Blicköffnungen und zum Innenbereich mit einer offenen konventionellen Fassade. Die so gewonnenen Räume signalisieren eine Wohnqualität mit hohem Aufenthaltscharakter. Das Projekt ist ein guter Beitrag zur Lösung von Wohnbebauung an stark lärmgeplagten Stadtquartieren.

Mit den regelmäßigen Preisverleihungen zu wechselnden Themen auf dem Gebiet des Planens, Bauens und Wohnens versucht die Wüstenrot Stiftung, wirksame Impulse für die Gestaltung der gebauten Umwelt zu geben und die Politik und Öffentlichkeit auf beispielhafte Problemlösungen aufmerksam zu machen. Die Ergebnisse der Gestaltungspreise werden jeweils in einer ausführlichen Buchdokumentation und in einer Wanderausstellung (mit Begleitbroschüre) der Öffentlichkeit zur Verfügung gestellt.

(Projektlaufzeit seit 2009)

Gestaltungspreis 2008
Energieeffiziente Architektur in Deutschland

Die Wanderausstellung zu den Ergebnissen des Gestaltungspreises 2008, der dem Thema „Energieeffiziente Architektur in Deutschland" gewidmet war, wurde in den Jahren 2009 und 2010 in zahlreichen Städten bundesweit gezeigt. In der ausführlichen Buchdokumentation wurde durch ausgewählte, ergänzende Länderstudien zur Lösung dieser Bauaufgabe in Großbritannien, in der Schweiz und in den USA die Möglichkeit geschaffen, die Leistungen in Deutschland einer vergleichenden Bewertung mit herausragenden internationalen Beispielen zu unterziehen. Durch die Buchdokumentation, die Wanderausstellung (mit Begleitbroschüre) und ergänzende Fachveranstaltungen wurden wichtige Impulse für die Verbindung zwischen energetischer Optimierung und hoher Gestaltungsqualität gegeben.

(Projektlaufzeit seit 2007)

Wohnen am Mittleren Ring
(Foto: Christian Richters © Wüstenrot Stiftung)

Die Eröffnung der Wanderausstellung anlässlich der Preisverleihung in Ludwigsburg (Foto © Wüstenrot Stiftung)

Bildung, Kunst und Kultur in kleinen Gemeinden - Schlüsselfaktoren für die zukünftige Entwicklung!

Der demografische Wandel stellt viele kleine Gemeinden in Deutschland vor weitreichende Aufgaben, insbesondere dann, wenn sie von einem überdurchschnittlich hohen Bevölkerungsrückgang mit einer besonderen Dynamik betroffen sind. In dieser Situation haben eigenständige, besondere Angebote in den Bereichen Bildung, Kunst und Kultur das Potenzial, zu Schlüsselfaktoren für die weitere Entwicklung kleiner Gemeinden zu werden. Sie sind geeignet, wichtige Beiträge zur örtlichen Lebensqualität, zur Identifikation von Bürger/innen mit ihrem Wohnort und zur Erhaltung eines regionalen Selbstbewusstseins zu leisten.

Die Wüstenrot Stiftung sucht mit Hilfe eines bundesweiten Wettbewerbes nach Angeboten und Konzepten in den Bereichen Bildung, Kunst und Kultur in kleinen Gemeinden, die folgenden Kriterien entsprechen:

- Die Angebote zu Bildung (auch Ausbildung, Fortbildung, Qualifizierung), Kunst und Kultur wurzeln in einem gemeinsamen Engagement von Bürgerinnen und Bürgern, stehen allen offen und werden von der kommunalen Verwaltung zumindest maßgeblich unterstützt.

- Die Angebote zielen auf eine Erhaltung oder Erhöhung der Lebensqualität und tragen dazu bei, örtliche Ressourcen (bereits vorhandene oder neu hinzukommende Gebäude, Personen und Strukturen) zu bündeln und mit ihnen zu arbeiten.

- Die Angebote stiften örtliche Identität und tragen dazu bei, ein vielen Menschen wichtiges Heimatgefühl zu erhalten und zu stärken.

- Die Angebote tragen zu einer Vitalisierung des Ortskerns bei und helfen, dessen Funktion und Bedeutung für die Zukunft zu sichern.

- Die Angebote ermöglichen es, den lokalen Rahmenbedingungen entsprechende Initiativen der Ortsbewohner/innen zu unterstützen und zu begleiten.

- Die architektonische Qualität erhält bei Umbau und Umnutzung von Gebäuden eine angemessene Berücksichtigung.

Mit diesem Wettbewerb möchte die Wüstenrot Stiftung das breite Spektrum von Angeboten und Konzepten in den Bereichen Bildung, Kunst und Kultur öffentlich machen und auf die vielfältigen Chancen hinweisen, die daraus für die zukünftige Entwicklung von kleinen Gemeinden entstehen können.

Die anschließende Dokumentation und Verbreitung der Ergebnisse soll andere Kommunen und deren Bewohner/innen anregen und ermuntern, vergleichbare Wege zu gehen.

(Projektlaufzeit seit 2011)

Land und Leute – Kleine Gemeinden gestalten ihre Zukunft im demografischen Wandel!

Kleine Gemeinden sind eine wichtige räumliche Bezugs- und Realisierungsebene des demografischen Wandels in Deutschland. Hier verstärken sich oft einzelne Auswirkungen noch einmal gegenseitig, denn sinkende Geburtenzahlen, die Abwanderung der Jüngeren und die Auswirkungen des wirtschaftlichen Strukturwandels können gerade in kleineren Gemeinden einen überdurchschnittlichen Bevölkerungsrückgang verursachen. Eine wachsende Zahl leer stehender Gebäude und eine drohende Verödung vieler Ortskerne gehören zu den Folgen. Die Nachfolgeproblematik in von ihren Inhabern geführten Geschäften und in kleinen Handwerksbetrieben sowie die allgegenwärtigen Konzentrationsprozesse im Einzelhandel führen zu einer Verschlechterung der Nahversorgung mit Gütern des täglichen Bedarfs. Parallel dazu dünnt sich in vielen kleinen Gemeinden das örtliche Angebot an wichtigen Dienstleistungen aus.

Die Wüstenrot Stiftung suchte in einem bundesweiten Wettbewerb nach neuen Konzepten und Angeboten für kleine Gemeinden, die ihre Zukunft im demografischen Wandel selbst gestalten wollen. Im Mittelpunkt des Wettbewerbs stand die Umnutzung vorhandener Gebäude wie beispielsweise ehemalige Schulen, Gasthöfe, Wohnhäuser oder Scheunen zu einem örtlichen Zentrum mit vielfältigen Kommunikationsmöglichkeiten und Dienstleistungsangeboten, die auf die Sicherung der Lebensqualität der Älteren und der ganzen Bevölkerung zielen. Im Idealfall ist damit auch eine Aufwertung des Ortskerns verbunden.

Mit diesem Wettbewerb wollte die Wüstenrot Stiftung dazu beitragen, das Spektrum der Chancen zu verdeutlichen, die kleine Gemeinden auch unter schwierigen Rahmenbedingungen aus neuen Angeboten und Konzepten gewinnen können. Aus den zahlreichen Einsendungen wurde deutlich, dass die demografischen Veränderungen und die allgemeinen wirtschaftlichen und strukturellen Rahmenbedingungen nicht darüber entscheiden, ob kleine Gemeinden eine Chance haben, ihre Zukunft zu beeinflussen und selbst mitzugestalten. Entscheidend ist vielmehr, maßgeschneiderte Konzepte für die jeweils eigene Situation und Perspektiven zu entwickeln und umzusetzen. Dann kann es auch gelingen, durch traditionelle und neue Formen bürgerschaftlichen Engagements der Menschen vor Ort die Grundlage für anhaltende und zukünftige Lebensqualität zu schaffen.

Die prämierten Wettbewerbsbeiträge sowie die Einsendungen in der „Engeren Wahl" der Jury wurden in einer ausführlichen Buchdokumentation und in einer Wanderausstellung mit Begleitbroschüre vorgestellt. Ihre Vorstellung leistet auch einen Beitrag für eine Vernetzung der kleinen Gemeinden und einen gegenseitigen Austausch über die Chancen, die mit solchen Projekten für die eigene Entwicklung verbunden sind.

(Projektlaufzeit seit 2007)

Ausstellungseröffnung im Landratsamt Altenburger Land, Außenstelle Schmölln (Fotos: Stefan Krämer © Wüstenrot Stiftung)

Dokumentarfotografie Förderpreise 07

Die im zweijährigen Turnus angelegte Nachwuchsförderung der Wüstenrot Stiftung richtet sich an Fotografen/innen, die ihr Studium an einer deutschen Hochschule oder Akademie im Bereich der Dokumentarfotografie absolviert haben. Die Auszeichnung stellt jeweils vier Preise à 10.000 EUR für die Realisierung eines eigenständigen Projekts zur Verfügung. Darüber hinaus werden nach Abschluss eines Arbeitsjahres die Ergebnisse in einer Ausstellung mit Begleitkatalog an verschiedenen renommierten Orten gezeigt. Fachlich betreut wird Stipendium der Wüstenrot Stiftung von der Fotografischen Sammlung im Museum Folkwang Essen. Die Ausstellung der Dokumentarfotografie Förderpreise 07 mit Arbeiten von Andrea Diefenbach, Aymeric Fouquez, Kirill Golovchenko und Margret Hoppe konnte auf der Mathildenhöhe in Darmstadt, in der Städtischen Galerie Brunsbüttel, im Kunstverein Ludwigshafen und im Museum für Photographie in Braunschweig gezeigt werden. Erstmals kooperierte die Wüstenrot Stiftung auch mit dem Goethe Institut und konnte die Dokumentarfotografie Förderpreise an den Auslandsinstituten in Washington und Paris präsentieren. Die gezeigten Arbeiten stießen wegen ihrer künstlerischen Qualität, aber auch aufgrund ihrer thematischen Ausrichtung auf gesellschaftlich-wirtschaftliche Umbruchsituationen in Europa auf ein breites Interesse. Die Ausstellungstournee wurde 2011 beendet und die Serien gingen als Dauerleihgabe an die Fotografische Sammlung im Museum Folkwang Essen. Dort stehen die mit Hilfe des Förderpreises entstandenen Arbeiten zukünftigen Ausstellungsprojekten aber auch der kunsthistorischen Forschung zur Verfügung.

(Projektlaufzeit 2007 bis 2011)

Kirill Golovchenko, Stipendiat der Dokumentarfotografie Förderpreise, erklärt Dr. h. c. Friedrich Pfäfflin seine Arbeit. (Foto: Stefan Becker © Wüstenrot Stiftung)

Ausstellung der Dokumentarfotografie Förderpreise 07 auf der Mathildenhöhe in Darmstadt (Foto © Aymeric Fouquez)

Dokumentarfotografie Förderpreise 09

Die Dokumentarfotografie Förderpreise 09 der Wüstenrot Stiftung wurden im November 2011 an vier hoffnungsvolle junge Künstler/innen vergeben. Paula Markert (Absolventin der Hochschule für angewandte Wissenschaften, Hamburg), Till Müllenmeister, (Absolvent der Fachhochschule Bielefeld), Marcel Noack (Absolvent der Hochschule für Grafik und Buchkunst, Leipzig) und Christine Steiner (Absolventin der Fachhochschule Dortmund) wurden von insgesamt 80 Bewerber/innen aufgrund ihrer eingereichten Diplomarbeiten und Projektideen ausgewählt.

Die Preisträger/innen der Dokumentarfotografie Förderpreise 09 v. l.: Marcel Noack, Paula Markert, Till Müllenmeister und Christine Steiner (Foto: Michael Grosler © Wüstenrot Stiftung)

Paula Markert hat in ihrer Diplomarbeit die Beziehungen innerhalb unterschiedlicher Familien und ihre Bedeutung für die Entwicklung der einzelnen Persönlichkeit untersucht. Jedes ihrer Bilder erzählt eine Geschichte, macht zwischenmenschliche Spannung oder große Nähe und Intimität spürbar.

Till Müllenmeister beschäftigte sich in seinem Diplom-Projekt „Menschen in Krisen" mit den Existenzbedingungen von Flüchtlingen in Afrika, die durch Naturkatastrophen oder soziale und politische Konflikte ihre ursprünglichen Lebensräume verlassen mussten. Sein besonderes Interesse galt dabei der Frage, wie sich die Heimatlosen und Entwurzelten mit den neuen Verhältnissen arrangiert haben. Für das Projekt arbeitete Müllenmeister mit den Medien Film und Fotografie.

Marcel Noack hat in seinem Diplom die Veränderung urbaner und ländlicher Strukturen in Ostdeutschland untersucht. Seine Langzeitbeobachtungen, die Interviews einschließen, dokumentieren akribisch den architektonischen Bestand bzw. dessen Vernichtung.

Christine Steiner erkundet in ihrer Diplom-Arbeit „Über Schulen" mit großformatigen Farbfotografien die Architektur und Inneneinrichtungen von Schulen in verschiedenen deutschen Städten. Sie arbeitet dabei mit forensischer Aufmerksamkeit für Details und entwirft so ein faszinierendes Portrait der Architektur des Lernens.

Mitglieder der Jury waren Andrea Diefenbach, Fotografin und ehemalige Preisträgerin aus Wiesbaden, Prof. Ute Eskildsen, Leiterin der Fotografischen Sammlung im Museum Folkwang Essen, Dr. Kristina Hasenpflug, Ressortleiterin, Wüstenrot Stiftung, Dr. Ulrich Pohlmann, Kurator im Fotomuseum München und Russell Roberts, Dozent für Fotografie an der Universität Wales/Großbritannien.

(Projektlaufzeit seit 2011)

Dokumentarfotografie Förderpreise 08

2010 haben Tanja Jürgensen, Mathias Königschulte, Maziar Moradi und Kim Sperling ihre Projekte beendet. Die Stipendiaten/in der Dokumentarfotografie Förderpreise 08 der Wüstenrot Stiftung haben sich mit gesellschaftlichen Phänomenen der Gegenwart in Deutschland, in den USA, im Iran und in Südkorea beschäftigt, die nicht im Schlaglicht der Öffentlichkeit oder der Medien stehen.

(Projektlaufzeit seit 2009)

In ihrer Serie „Centers of Excellence" untersuchte **Tanja Jürgensen** (Absolventin der Kunsthochschule Kassel) das Leben amerikanischer Ivy League Universitäten. Amerikanische Top Universitäten sind keine öffentlich zugänglichen Bildungseinrichtungen, vielmehr haben sie es sich zur Aufgabe gemacht, Eliten zu produzieren. Daher liegt der Schwerpunkt des Studiums nicht allein in der fachlichen Ausbildung, sondern auch in der Eingliederung in ein System aus gesellschaftlich-ökonomischen Netzwerken und Machtstrukturen.

Mit dem Berliner Stadtteil „Wedding" beschäftigt sich **Mathias Königschulte** (Absolvent der Ostkreuzschule für Fotografie, Berlin) in seiner gleichnamigen Arbeit. Es ist nach dem Fall der Mauer nicht gelungen, den Wedding in das Konzept „Neue Mitte" zu integrieren. Auch die historischen Bilder, die ihn als Arbeiterbezirk und Ort des Klassenkampfs zeigen, haben ihre Gültigkeit längst verloren. Im Wedding wohnen heute sehr viele Menschen, die von Transferleistungen leben; der Migrationsanteil ist sehr hoch. Königschulte untersucht dort Teile der Gesellschaft, der zunehmend die Koordinaten des gewöhnlichen Alltaglebens fehlen, für die die Grenzen zwischen Arbeit und Freizeit, zwischen privatem und öffentlichem Raum oder Fremde und Heimat verschwimmen.

Tanja Jürgensen aus der Serie „Centers of Excellence", 2010

Mathias Königschulte aus der Serie „Wedding", 2010

Kim Sperling aus der Serie „Dokdo", 2010

Das Leben iranischer Transsexueller dokumentiert **Maziar Moradi** (Absolvent der Hochschule für Angewandte Wissenschaften Hamburg) in seinem Projekt „Was wir sind". Im Iran sind Geschlechtsumwandlungen seit der inzwischen zwanzig Jahre alten Fatwa Ajatollah Chomeinis legal und werden sogar vom Staat gefördert. Seither hat der Iran nach Thailand die höchste Rate an entsprechenden medizinischen Eingriffen und Behandlungen. Dabei ist der Iran das einzige Land der Welt, das Menschen nach einer Geschlechtsumwandlung in der Geburtsurkunde eine neue Identität gibt. Moradi spürt in seiner Serie dem Schicksal der Betroffenen nach und zeigt, wie sie im Alltag der iranischen Gesellschaft, die noch sehr feste Rollenvorstellungen der Geschlechter hat, mit ihrer neuen Identität Fuß fassen.

Mit dem Mythos der Insel Dokdo als östlichster Ort Koreas beschäftigt sich **Kim Sperling** (Absolvent der Fachhochschule Dortmund) in seiner gleichnamigen Serie. Dokdo gehört zu einer knapp 0,2 km² großen Inselgruppe rund 200 km vor der Ostküste Koreas. Die winzigen Inseln wären kaum weiter erwähnenswert, wenn nicht schon seit Jahrzehnten ein erbitterter Streit zwischen Japan und Korea um die Zugehörigkeit der Felsen herrschen würde. Während das Thema in der japanischen Bevölkerung nur ein Nischendasein führt, gibt es unter Koreanern kaum ein anderes Thema, welches so emotional und leidenschaftlich verfolgt wird. Für Koreaner ist Dokdo inzwischen ein zentrales Symbol nationaler Identität. Die Insel ist fast unbewohnt: Neben einem Fischer und dem Personal des dortigen Leuchtturms befindet sich eine 20 Mann starke Einheit der koreanischen Polizei dort, um die Interessen Koreas zu wahren.

Maziar Moradi aus der Serie „Was wir sind", 2010

Deutscher Städtebaupreis 2010

Der Deutsche Städtebaupreis ist einer der wichtigsten Preise zur Baukultur in Deutschland. Er wird unter der Schirmherrschaft des Deutschen Städtetages von der Deutschen Akademie für Städtebau und Landesplanung (DASL) alle zwei Jahre ausgelobt und von der Wüstenrot Stiftung in den Jahren 2006 bis 2012 gefördert.

Gesucht und prämiert werden städtebauliche Projekte, die einen wichtigen Beitrag zur Stadtbaukultur leisten und die zugleich zukunftsweisende Impulse zu den aktuellen und zukünftigen Herausforderungen in der Entwicklung und Gestaltung unserer Städte geben. Ein Sonderpreis greift jeweils ein als besonders dringlich eingestuftes Handlungsfeld auf.

Im Jahr 2010 wurde der Deutsche Städtebaupreis nach Münster für „Neue Wege in der Stadt“ vergeben. Ein Vorhaben aus insgesamt drei Bausteinen, mit denen das Erscheinungsbild und die Wegenetze der Innenstadt mit hoher städtebaulicher Qualität verändert und den aktuellen Nutzungen angepasst wurden.

Der Sonderpreis 2010 – Orte des Wissens und der Bildung – wurde an die „Bibliothek im Bahnhof“ in Luckenwalde verliehen. Durch den Umbau des bestehenden Bahnhofsgebäudes in Verbindung mit einem neuen Anbau wurden das strukturschwache Bahnhofsumfeld stabilisiert und neue Impulse für künftige Entwicklungen gewonnen.

Die Förderung des Deutschen Städtebaupreises ergänzt das operative Tätigkeitsfeld der Wüstenrot Stiftung mit wichtigen Synergieeffekten. Im partnerschaftlichen Verbund mit der DASL als Ausloberin des Deutschen Städtebaupreises bietet sich die Chance, wichtige Anregungen für die zukünftige Entwicklung unserer Städte zu geben.

(Projektlaufzeit seit 2006)

Deutscher Städtebaupreis: Münster – Neue Wege in der Stadt
(Foto: Stefan Krämer © Wüstenrot Stiftung)

Bibliothek im Bahnhof, Luckenwalde (Sonderpreis)
(Foto: Andreas Meichsner © Wüstenrot Stiftung)

Archäologie-Preis Baden-Württemberg 2010

Der Archäologie-Preis Baden-Württemberg ist mit 5.000 EUR dotiert und wird alle zwei Jahre vom Landesamt für Denkmalpflege und der Wüstenrot Stiftung vergeben. Im Jahr 2010 wurden die Stadt Ladenburg und der Heimatbund Ladenburg e.V. für ihr jahrzehntelanges überdurchschnittliches Engagement bei der Unterstützung archäologischer Forschungen und deren Präsentation in der Öffentlichkeit ausgezeichnet. Der Förderpreis in Höhe von 2.500 EUR ging an Gertrud Boley, Armin Krüger, Friedrich O. Müller und Herbert Paul – vier engagierte Bürger der Stadt Asperg, die sich ehrenamtlich große Verdienste um die Vermittlung landesarchäologischer Ergebnisse an die breite Öffentlichkeit erworben haben.

Die Stadt Ladenburg weist eine Vielzahl archäologischer Zeugnisse auf – unter anderem Reste aus römischer Zeit und eine der größten stadtartigen Siedlungen rechts des Rheins. Der seit 1926 bestehende und heute rund 560 Mitglieder zählende Heimatbund Ladenburg unterstützte die Ausgrabungen von Heukemes mit der Dokumentation archäologischer Erkenntnisse und betreibt das Lobdengau-Museum. Die Mitglieder des Heimatbundes führen dort die Aufsicht, betreuen ein archäologisches Depot, geben Schriften heraus und bieten Museums- sowie Stadtführungen an. Im Jahr 1979 wurde die Ladenburg-Kommission ins Leben gerufen. Der hochrangig besetzten Kommission gehören Vertreter der Stadt, der Archäologischen Denkmalpflege und der universitären Forschung an. Damit ist die Kommission ein Musterbeispiel für die gelungene Zusammenarbeit zwischen einer Stadt und institutionalisierter Denkmalpflege.

Im Mittelpunkt der Arbeit der vier Bürgerinnen und Bürger der Stadt Asperg stand die Vorbereitung der sehr erfolgreichen Ausstellung „Die Kelten kommen zurück“, die 2008 in Asperg gezeigt wurde. Sie zeigte professionell und didaktisch vorbildlich bedeutende Funde der frühkeltischen Zeit in Asperg. 2010 veröffentlichten die vier Preisträger/innen das Buch „Kelten am Hohenasperg“, das ebenso wie die Ausstellung ein exzellentes Beispiel für kompetente heimatgeschichtliche Arbeit engagierter Bürger ist.

Die feierliche Preisverleihung mit einer Laudatio vom Wirtschaftsminister des Landes Baden-Württemberg, Ernst Pfister MdL, fand am 12. Oktober 2010 im neuen Schloss in Stuttgart statt.

(Projektlaufzeit 2010)

Kinderführung durch Mitglieder des Heimatbundes Ladenburg
(Beide Fotos © Heimatbund Ladenburg)

Das Lobdengau-Museum, betrieben durch den Heimatbund Ladenburg

Förderprojekte

Die Wüstenrot Stiftung ist eine operative Stiftung, die zur Erfüllung ihrer Stiftungszwecke eigene Projekte initiiert, konzipiert und durchführt. In begrenztem Umfang gibt sie zur Unterstützung interessanter Projekte auch finanzielle Mittel an gemeinnützige Dritte weiter, ohne sich konzeptionell an diesen zu beteiligen.

Die Stiftung legt einen Schwerpunkt auf die Förderung von Projekten in ihrer Region. Auch bei Förderprojekten zielt die Stiftung auf die Bewahrung von Kulturwerten unserer Gesellschaft, die Baukultur ab 1945, die Zukunft unserer Städte und des ländlichen Raums, die Auszeichnung wegweisender Leistungen und die Förderung junger Menschen.

Förderprojekte

2010/2011 wurden folgende Projekte in der Region Ludwigsburg und Stuttgart finanziell maßgeblich unterstützt (Auswahl):

- Komplette Einrichtung des Stadtmuseums der Stadt Ludwigsburg
- Erwerb des Suhrkamp/Insel Archivs (Siegfried Unseld Archiv) durch das Deutsche Literaturarchiv Marbach
- „So klingt Kornwestheim“ zur Förderung der musikalischen Erziehung an allgemeinbildenden Schulen in Kornwestheim
- Einrichtung eines Studienwohnheims und einer Anlaufstelle für Bewohner und deren Angehörige der Karlshöhe Ludwigsburg
- Veranstaltungen der Ludwigsburger Schlossfestspiele
- Erfassung und Restaurierung des Archivs der Orgelbaufirma E. F. Walcker, Ludwigsburg, durch das Wirtschaftsarchiv Baden-Württemberg
- Ausstellungen über Hermann Finsterlin, Grenzbereiche der Skulptur, Irische Videokunst und den britischen Streetart-Künstler Slinkachu im Kunstverein Ludwigsburg
- Neukonzeption der Schausammlungen des Landesmuseums Württemberg
- Instrumentenkauf und Förderung von Kindern und Jugendlichen durch die Jugendmusikschule Ludwigsburg
- Sanierung des Hebelhauses in Hausen im Wiesental durch die Hebelstiftung
- Sanierung des Turms der Friedenskirche Ludwigsburg
- Jugendbegegnung, interaktives Lernen und Inszenierung einer Kinderoper im Pädagogisch-Kulturellen Centrum Ehemalige Synagoge Freudental
- „Übergang Schule – Beruf“ des Landkreises Ludwigsburg – Lesungen und Gesprächsveranstaltungen im Literaturhaus Stuttgart
- Publikation „Rücksichten – 250 Jahre Akademie der Bildenden Künste Stuttgart“
- Christian-Wagner-Preis der Christian-Wagner-Gesellschaft zur Würdigung herausragender lyrischer Werke
- Jugendarbeit der Gemeinde Wüstenrot
- Kolloquium und Publikation anlässlich des 100. Geburtstags des Architekten Rolf Gutbrodt, Institut für Architekturgeschichte der Universität Stuttgart
- Kunstforschung der Akademie Schloss Solitude, Stuttgart
- Stipendien für soziale Härtefälle der Stiftung Evangelische Hochschule Ludwigsburg
- Caligari-Preis des Fördervereins der Filmakademie Ludwigsburg zur Förderung einer studentischen Dokumentarfilmproduktion
- Ausstellung „60 Jahre Städtepartnerschaften“ der Stadt Ludwigsburg
- Bibliotheks-Stipendienprogramm des Deutsch-Französischen Instituts, Ludwigsburg
- Erforschung von Leben, Werk und Wirkung von Friedrich Theodor Vischer durch das Institut für Literaturwissenschaften der Universität Stuttgart
- Weißenhof Architekturförderpreis der Architekturgalerie am Weißenhof zur Förderung junger Architektinnen und Architekten
- Kinderbuch des Keltenmuseums Hochdorf
- „Migration und Integration in Stadtquartieren“, Tagung und Publikation des Instituts für Raumordnung und Entwicklungsplanung der Universität Stuttgart
- Herausgabe der Ludwigsburger Geschichtsblätter durch den Historischen Verein Ludwigsburg

Überregional und bundesweit wurden 2010/2011 folgende Projekte finanziell maßgeblich unterstützt (Auswahl):

- Kulturelle Nutzung des Kanzlerbungalows in Bonn durch die Stiftung Haus der Geschichte der Bundesrepublik Deutschland
- Denkmalschutzpreis Baden-Württemberg des Schwäbischen Heimatbundes zur Weckung und Unterstützung privaten denkmalpflegerischen Engagements
- Sanierung der Basilika St. Ulrich und Afra in Augsburg
- Herausgabe des Briefwechsels „Stefan George – Karl Wolfskehl – Hanna Wolfskehl“ durch die Stefan George Stiftung
- „Zukunftsfähig durch Regionsbildung“ der Zeppelin University, Friedrichshafen, zur Erforschung struktureller und kultureller Faktoren der grenzüberschreitenden interkommunalen Kooperation in der Europaregion Bodensee
- Sanierung von Kloster Habsthal durch das Benediktinerinnenpriorat Ostrach-Habsthal
- Werkschau der Fotografin Abisag Tüllmann im Historischen Museum Frankfurt
- Erwerb von Goethe Autographen durch die Klassik Stiftung Weimar
- Ausstellungen über Ernst May und Wolfgang Pehnt im Deutschen Architekturmuseum in Frankfurt
- Erwerb von Autographen der Goethezeit und der Romantik durch das Frankfurter Goethe-Haus/Freies Deutsches Hochstift
- Symposium „Rethinking Mies – Mies neu denken“ des Lehrgebiets Architekturtheorie der RWTH Aachen
- „Nachkriegsmoderne Kontrovers – Positionen der Gegenwart“, Tagung und Publikation des Netzwerks Braunschweiger Schule der TU Braunschweig
- „(Re)Designing Nature“ der Akademie der Bildenden Künste München, zur Erforschung aktueller Positionen der Naturgestaltung in der Kunst und Landschaftsarchitektur
- Herausgabe des Briefwechsels „Friedrich Gundolf – Erich von Kahler“ 1910 bis 1931 der Deutschen Akademie für Sprache und Dichtung
- Herausgabe der Kritischen Ausgabe Sämtlicher Werke Hugo von Hofmannsthals durch das Frankfurter Goethe-Haus/Freies Deutsches Hochstift
- Erwerb von Autographen von Alexander von Humboldt durch die Freunde der Senatsbibliothek zu Berlin
- Restaurierung von Originalzeichnungen von Walter Gropius durch das Bauhaus-Archiv, Berlin
- Vortragsreihe „Weiterbauen – Positionen zum Bauen im Bestand des Instituts für Entwerfen und Bautechnik des Karlsruher Instituts für Technologie (KIT)

Beteiligte Personen und Institutionen

DENKMALPROGRAMM

Aula und Foyer der Weißensee Kunsthochschule, Berlin
Eigentümer/Nutzer: Land Berlin/Weißensee Kunsthochschule Berlin: Leonie Baumann, Silvia Durin, Linde Colden
Architekten, Fachplaner, Gutachter und Berater: Wissenschaftlicher Beirat der Wüstenrot Stiftung: Prof. Berthold Burkhardt, Prof. Dr. Norbert Huse; Baukanzlei Fiel + Jennrich/Architektur: Martin Jennrich, Rita Gabriel, Jan Flemmig; ING.FTG mbH - Heizung Lüftung Sanitär: Rainer Kampe; Ruß Ingenieurgesellschaft mbH - Elektro: Thomas Ruß, Horst Fiedler; Prof. Dr. Lorenz & Co. Bauingenieure GmbH - Tragwerksplanung: Dr. Werner Lorenz, Dr. Michael Fischer, Yvonne Jahnisch; Ingenieurbüro Knappheide - Projektsteuerung: Thomas Knappheide; Oberflächenberatung - Dr. h.c. Helmut F. Reichwald; akanthus - Restaurierungen GmbH - Holzrestaurator: Eberhard Roller; Restaurierung Wandbild - Perette Manz-Hendrich; Dr.-Ing. Klaus Graupner - Beratender Ingenieur VBI - Bauphysik: Dr. Graupner; hhp Berlin Ingenieure für Brandschutz GmbH: Karl-Heinz Schubert; adb, Ewerien und Obermann - Recherche: Steffen Obermann, Ulrike Klaiber; Akustik und Schallschutzberatung: Frank Schultz; ALAB Analyse Labor in Berlin GmbH - Schadstoffuntersuchung: Barbara Kafadaroglu; DGI Bauwerk GmbH - Sicherheit: Simone Tellbach; Fotografie Lohöfener: Philipp Lohöfener.

Geschwister-Scholl-Gesamtschule, Lünen
Eigentümer/Nutzer: Stadt Lünen: Manfred Becker, Susanne Limena, Dirk Schmidt, Johannes Kleffken, Frank Wietheger, Petra Perkuhn; Geschwister-Scholl-Schule: Heinrich Behrens, Jan/Dirk Kappelhoff
Architekten, Fachplaner, Gutachter und Berater: Wissenschaftlicher Beirat der Wüstenrot Stiftung: Prof. Berthold Burkhardt, Prof. Dr. Norbert Huse; Prof. Spital-Frenking + Schwarz Architekten – Stadtplaner – BDA: Prof. Spital - Frenking, Pia Birtel, Mario Kramer; nsp landschaftsarchitekten stadtplaner bdla/dwb: Prof. Günter Nagel, Prof. Christoph Schonhoff, Kristina Debes; Ing. Büro G. Kahlert – Heizung Lüftung: Gerhard Kahlert †; Planungsgruppe Schneider und Partner - Beratende Ingenieure – Elektro, Sanitär: Thorsten Tophinke, Uwe Schneider, Bjoern Hellriegel; Ingenieurbüro Knappheide - Projektsteuerung: Thomas Knappheide; e2 - energieberatung GmbH - Bauphysik: Prof. Dr. Schmitz, Frau Fehl; Oberflächenberatung - Dr. h.c. Helmut F. Reichwald; Restaurierungswerkstatt Dr. Christoph Hellbrügge: Dr. Hellbrügge; Restaurierungswerkstatt Jörg Nowack und Hans-Peter Roger GbR: Jörg Nowack; Ingenieursozietät Schürmann, Kindmann und Partner - Brandschutz: Markus Pöter; Lichtplanung A. Hartung: Anette Hartung; TÜV Nord Systems GmbH & Co. KG: Uwe Faoro; Eversberg Restaurierung - Wandbilder: Sven Eversberg; Ing.-Büro Ostermann Tragwerkplanung: Uwe Ostermann; Ingenieurbüro igb Gey + John GbR – Beratende Ingenieurgeologen: Andreas Gey, Ivo John; Vermessungsbüro Bromorzki und Gatzke GbR: Olaf Bromorzki, Max Gatzke; Ingenieurbüro D.S.L: Frank Diederich - Entwässerungssystem; Dr. Eckhard Stelzner - Sicherheit: Dr. Eckhard Stelzner; Schwarz-Werk - Fotografie: Eva Schwarz;

Anna-Vorwerk-Haus, Wolfenbüttel
Eigentümer/Nutzer: Gesellschaft der Freunde der Herzog August Bibliothek: Manfred Flotho, Gerhard Heilmann, Ralph Meyer
Architekten, Fachplaner, Gutachter und Berater: Wissenschaftlicher Beirat der Wüstenrot Stiftung: Prof. Berthold Burkhardt, Prof. Dr. Norbert Huse; Pitz & Hoh Architektur und Denkmalpflege GmbH: Helge Pitz, Daniel Naumann, Thomas Michel; Ing. Büro G. Kahlert – Haustechnik: Gerhard Kahlert †; Barthl & Maus Beratende Ingenieure GmbH: Prof. Rainer Barthel, Dr. Helmut Maus, Dr. Matthias Jagdfeld, Maria Kut; Ingenieurbüro Knappheide - Projektsteuerung: Thomas Knappheide; e2 - energieberatung GmbH - Bauphysik: Prof. Dr. Schmitz, Frau Fehl; Oberflächenberatung - Dr. h.c. Helmut F. Reichwald; Restaurierung und Farbdesign Ovelgönne: Maria Ovelgönne; Lichtplanung A. Hartung: Anette Hartung; Sachverständigenbüro für Holzschutz J. Wießner: Joachim Wießner; Ingenieursozietät Schürmann, Kindmann und Partner - Brandschutz: Markus Pöter, Thomas Franke; Prof. Rodatz und Partner – Beratende Ingenieure für Geotechnik GmbH: Prof. Dr. Walter Rodatz, Jens Mühlmann; Arbeitsgruppe Altstadt - Dokumentation: Dieter Haupt; Inuma – Innenraumdiagnostik & Umweltmesstechnik - Schadstoffe: Joachim Kösling; Dipl.-Ing. Stefan Minnich, Beratender Ingenieur BDB – Sicherheit: Stefan Minnich;

Umlauftank 2, Berlin (Machbarkeitsstudie)
Eigentümer/Nutzer: Land Berlin/TU Berlin: Prof. Dr. Jörg Steinbach, Prof. Dr. Paul Uwe Thamsen, Barbara Stark, Martin Schwacke, Julia Köller; Udk Berlin: Prof. Dr. Christoph Gengnagel
Machbarkeitsstudie: Wissenschaftlicher Beirat der

Wüstenrot Stiftung: Prof. Berthold Burkhardt, Prof. Dr. Adrian v. Buttlar, Prof. Dr. Norbert Huse; HG Merz Architekten Museumsgestalter: Prof. HG Merz, Stefan Motz, Joachim Munzig; adb, Ewerien und Obermann: Steffen Obermann; Ingenieurbüro Knappheide - Thomas Knappheide; Katharina Maaser; Gregor Harbusch

Siedlerhaus, Hettingen/Odenwald (Machbarkeitsstudie)
Eigentümer/Nutzer: Eiermann-Magnani-Dokumentationsstätte e. V.: Manfred Pfaus, Thomas Jurgovsky, Wolfgang Voegele; Machbarkeitsstudie: Wissenschaftlicher Beirat der Wüstenrot Stiftung: Prof. Berthold Burkhardt, Prof. Dr. Norbert Huse; NN

Brutalismus
Kooperationspartner: Karlsruher Institut für Technologie (KIT): Werner Sewing †, Anette Busse, Florian Dreher, Annelen Schmidt; Referenten: Kenneth Frampton, Columbia University; Stanislaus von Moos, Yale University; Werner Oechslin, ETH Zürich; Tom Avermaete, TU Delft; Adrian v. Buttlar, TU Berlin; Dirk van den Heuvel, TU Delft; Luca Molinari, Neapel; Vladimir Slapeta, TU Prag / TU Brno; Laurent Stalder, ETH Zürich; Jörg Gleiter, Freie Universität Bozen; Liane Lefaivre, Universität für angewandte Kunst Wien; Philip Ursprung, ETH Zürich; Stephen Bates, TU München; Beatriz Colomina, Princeton University; Joan Ockman, University of Pennsylvania Philadelphia; Ingrid Scheurmann, TU Dresden

Denkmalpflege der Moderne
Kooperationspartner: Docomomo Deutschland: Anke Zalivako; Stiftung Bauhaus Dessau: Philipp Oswalt; Autoren: Dr. Simone Oelker, Monika Markgraf, Prof. Dr.-Ing. Andreas Schwarting, Alexander Dill, Prof. Dr. Norbert Huse

Internetportal Denkmal Praxis Moderne
Autoren: Dr. Jürgen Tietz; Dr. Claudia Mohn; Prof. Dr.-Ing. Gert Mader; Prof. Dr.-Ing. Karl Bernhard Kruse; Axel Föhl; Prof. Theresia Gürtler Berger; Prof. Dr.-Ing. Harald S. Müller; Prof. Dr.-Ing. Hartmut Pörtner; Prof. Dr.-Ing. Werner Lorenz; Dr.-Ing. Klaus Graupner; Prof. Klaus Daniels; Prof. Dr. Hans Goydke; Dr. Jörg Baumeister; Dr. Dieter Martin

WISSENSCHAFT UND FORSCHUNG

Quo vadis Städtebauförderung – Zäsur für eine Erfolgsgeschichte?
Kooperationspartner: Ministerium für Finanzen und Wirtschaft Baden-Württemberg
Auftragnehmer: Hochschule für Technik Stuttgart (HfT)

Neue Zukunft für ein ungeliebtes baukulturelles Erbe
Auftragnehmer: Hochschule für Technik Stuttgart (HfT)

Grenzstandorte und Zwischennutzungen in der Stadterneuerung
Kooperationspartner: Bundesministerium für Verkehr, Bau und Stadtentwicklung
Auftragnehmer: empirica AG, Berlin; Quaestio – Forschung & Beratung, Bonn

Einfamilienhausgebiete der 1950er- bis 1970er- Jahre
Auftragnehmer: Hochschule für Technik Stuttgart (HfT), Institut für Landes- und Stadtentwicklungsforschung Dortmund (ILS), Institut für Raumordnung und Entwicklungsplanung der Universität Stuttgart (IREUS)

Die Zukunft der Stadtgesellschaften – Durchmischung oder residentielle Segregation?
Hauptautoren und Mitherausgeber: Prof. Dr. Tilman Harlander, Dr. Gerd Kuhn

Stadtentwicklung und Integration von Jugendlichen in Deutschland und Frankreich
Kooperationspartner und Auftragnehmer: Deutsch-Französisches Institut (DFI)

Urban Design: Schlüssel zur sozialen und nachhaltigen Stadtentwicklung
Kooperationspartner: Fachgebiet Planungs- und Architektursoziologie an der TU Berlin; Institut für Soziologie und Institut für Architektur der TU Berlin

Wohnatlas – Leben zu Hause
Kooperationspartner und Auftragnehmer: Kuratorium Deutsche Altershilfe (KDA)

Älter werden im Quartier – neue Netzwerke, aktive Teilhabe, mehr Versorgungssicherheit
Kooperationspartner: Der PARITÄTISCHE Baden-Württemberg, Bildungsakademie Süd des PARITÄTISCHEN

Wohnungsmarktregionen in Deutschland
Auftragnehmer: Institut für Siedlungs- und Wohnungswesen an der Westfälischen Wilhelms-Universität Münster

Technische Wohninfrastruktur
Auftragnehmer: Deutsches Institut für Urbanistik (difu)

Nutzungskonflikt Erdgeschoss
Kooperationspartner: Prof. Sophie Wolfrum (Tu München)
Autorin und Projektkoordinatorin: Doris Zoller

Zukunft Innenstadt
Auftragnehmer: Fahle Stadtplaner, Freiburg

Solarthermie – Baustein der Energiewende
Kooperationspartner: Forschungsstelle für Energiewirtschaft e.V.: Prof. Dr. Ulrich Wagner, Prof. Dr. Wolfgang Mauch, Roger Corradini

Energieberatung in Deutschland
Auftragnehmer. Wuppertal Institut für Klima, Umwelt, Energie GmbH

Leuchtturmprojekte in der Architektur
Kooperationspartner: Staatsgalerie Stuttgart
Referenten/innen: Prof. Dr. Adrian von Buttlar, Prof. Dr. Werner Durth, Prof. Dr. Georg Franck, Dr. h.c. Kristin Feireiss, Prof. Arno Lederer, Prof. Dr. Wolfgang Pehnt, Prof. Alexander Schwarz, Prof. Dr. Gerd Weiß

BILDUNG UND ERZIEHUNG

Stiftungsprofessuren
Kooperationspartner: Universität Stuttgart; Stiftungsprofessur für Bauwerkserhaltung und Denkmalpflege, Prof. Theresia Gürtler Berger
Kooperationspartner: Karlsruher Institut für Technologie; Stiftungsprofessur für Architekturkommunikation, Prof. Dr. Riklef Rambow
Kooperationspartner: Universität Stuttgart; Stiftungsprofessur für Nachhaltigkeit, Baukonstruktion und Entwerfen, NN

Forum Architektur
Kooperationspartner: TU Dortmund, Referenten: Annette Axthelm, Axthelm Architekten, Potsdam; Hans van der Heijden, big stadsontwerp bv, Rotterdam; Friedrich Killinger, Killinger & Westermann Architekten, Berlin; Prof. Thomas Will, TU Dresden
Kooperationspartner: FH Erfurt, Referenten: Arquitecto LDA Nuna Graca Moura, Porto; Wolfgang Lorch, Wandel Hoefer Lorch Architekten und Stadtplaner, Saarbrücken; Umberto Napolitano, LAN, Paris; Volker Staab, Staab Architekten, Berlin; Sascha Zander, zanderrotharchitekten, Berlin
Kooperationspartner: Leibniz Universität Hannover, Referenten: Roger Diener, Diener Diener Architekten, Basel; Kersten Geers / David van Severen, Office Kersten Geers David van Severen, Brüssel; Peter St John, Caruso St John Architects, London
Kooperationspartner: TU Kaiserslautern, Referenten: Martin Fröhlich, AFF Architekten, Berlin; Andreas Hild, Hild und K Architekten BDA, München; HG Merz, HG Merz Architekten und Museumsgestalter, Stuttgart/Berlin; Wilfried Kühn, Kühn Malvezzi Architects, Berlin
Kooperationspartner: Universität Kassel, Referenten: Simon Frommenwiler, Dipl. Arch. ETH BSA / Tilo Herlach, Dipl. Arch. ETH BSA, HHF Architekten, Basel; Oliver Thill, Dipl.-Ing. Architekt, Atelier Kempe Thill, Rotterdam; David Trottin, Architekt, Périphériques Architectes, Paris

Teaching Photography
Kooperationspartner: Fotografische Sammlung im Museum Folkwang, Essen. Referenten: Prof. Susanne Brügger, FH Dortmund; Prof. Gisela Bullacher, Folkwang Hochschule; Prof. Koka Ramishvili, Kunstakademie Tiflis, Prof. Olivier Richon, Royal College of Art, London; Prof. Johannes Schwartz, Gerrit Rietveld Academie, Amsterdam; Prof. Paul Seawright University of Ulster, Belfast

The Other Side
Kooperationspartner: Forschungsschwerpunkt Fotografie und Medien der FH Bielefeld. Referenten:
Boris Buden, Berlin; Prof. Vladimir Birgus, Opava; Andrea Diefenbach, Wiesbaden; Christine Frisinghelli, Graz; Prof. Marina Grzinic, Ljublijana; Jitka Hanzlova, Essen; Pepa Hristova, Hamburg; Horst Kloever, Berlin; Arion Kudász, Budapest; Zuzana Lapitkova, Bratislava; Paula Muhr, Berlin; Lucia Nimcova, Amsterdam; Adam Panczuk, Warschau; Alnis Stakle, Daugavpils; Prof. Abel Szalontai, Budapest; Dr. Irina Tchmyreva, Moskau; Piotr Wołynski, Posna

Baukultur – gebaute Umwelt
Kooperationspartner: UNESCO-Kommission e. V.; Prof. Klaus-Peter Busse u. Prof. Dr. Barbara Welzel, Institut für Kunst und Materielle Kultur, TU Dortmund

ZukunftsWerkstattWohnbauen 2010
Kooperationspartner: Freie Hansestadt Bremen; School of Architecture Bremen, Architektenkammer Bremen; AG-Leiter: Prof. Dirk Bayer, TU Kaiserslautern/Bayer Uhrig Architekten; Jacques Blumer, Atelier 5, Bern (CH); Prof. Johannes Modersohn, TU Kaiserslautern/Modersohn Freiesleben Architekten

Baukultur in den Medien
Kooperationspartner: Masterstudiengang Kulturjournalismus der Universität der Künste, Berlin; Rundfunk Berlin-Brandenburg

FSJ Kultur
Kooperationspartner: Landesvereinigung kulturelle Jugendbildung Baden-Württemberg e. V., Stuttgart

Jugend pro Beruf
Kooperationspartner: bam e.V. (Verein zur Förderung der Berufswahlkompetenz junger Menschen im Kreis Ludwigsburg), IHK Region Stuttgart/Bezirkskammer Ludwigsburg, Kreishandwerkerschaft Ludwigsburg, Staatliches Schulamt Ludwigsburg
Auftragnehmer: MTO Psychologische Forschung und Beratung GmbH Tübingen
Schulen in Projektphase I und II: Friedrich-von-Keller-Schule (Ludwigsburg), Hirschbergschule (Ludwigsburg), Justinus-Kerner-Schule (Ludwigsburg), Oststadtschule (Ludwigsburg), Schule im Sand (Bietigheim-Bissingen), Uhlandschule (Kornwestheim)

KUNST UND KULTUR

Literatur bewahren!
Kooperationspartner: Deutsche Akademie für Sprache und Dichtung, Darmstadt; Auftragnehmer: Wallstein Verlag, Göttingen

Stoffmustersammlung der PAUSA-Werke
Kooperationspartner: Stadt Mössingen; Auftragnehmer: Erwin Schramm, Neufra

WETTBEWERBE, PREISE UND STIPENDIEN

Gestaltungspreis 2010 Neues Wohnen in der Stadt
Preisgericht: Georg Adlbert, Felix Claus, Prof. Dr. Tilman Harlander, Andreas Hild (Vorsitz), Prof. Quintus Miller, Ulrike Poeverlein, Prof. Sophie Wolfrum. Vorprüfung: Mark Arnold, Arne Fentzloff, Dr. Gerd Kuhn, Dr. Stefan Krämer
Wettbewerbsorganisation: Krämerverlag Stuttgart

Bildung, Kunst und Kultur in kleinen Gemeinden – Schlüsselfaktoren für die zukünftige Entwicklung!
Preisgericht: Bürgermeister Klaus Börngen, Beatrix Drago, Bürgermeisterin Elisabeth Herzog-von der Heide (Vorsitz), Dr. Stefan Krämer, Roswitha Rüschendorf, Dr. Ulrike Scherzer, Prof. Dr. Hildegard Schröteler-von Brandt
Wettbewerbsorganisation und Vorprüfung: Dieter Kreuz, Sabine Wenng, Anja Wenninger

Land und Leute – Kleine Gemeinden gestalten ihre Zukunft im demografischen Wandel!
Preisgericht: Prof. Dr. Henning Bombeck (Vorsitz), Landrat Dr. Winfried Hirschberger, Dr. Stefan Krämer, Cornelia Plewa, Dr. Anke Schettler, Bürgermeister a. D. Dieter Schönfeld, Dr. Hans Peter Tews
Wettbewerbsorganisation und Vorprüfung: Dieter Kreuz, Sabine Wenng

Dokumentarfotografie Förderpreise
Beratung: Prof. Ute Eskildsen, Fotografische Sammlung im Museum Folkwang Essen
Jury Dokumentarfotografie Förderpreise 09: Andrea Diefenbach, Prof. Ute Eskildsen, Dr. Kristina Hasenpflug, Dr. Ulrich Pohlmann, Russell Roberts

Deutscher Städtebaupreis 2010
Kooperationspartner: Deutsche Akademie für Städtebau und Landesplanung

Archäologie-Preis Baden-Württemberg 2010
Kooperationspartner: Landesamt für Denkmalpflege

Publikationsübersicht 2011 – 1992

2011

Grenzstandorte und Zwischennutzung in der Stadterneuerung
Herausgegeben von der Wüstenrot Stiftung mit Beiträgen von Ulrich Pfeifer (empirica) und Bernhard Faller (Quaestio), 112 Seiten, Wüstenrot Stiftung, Ludwigsburg, 2011. ISBN 978-3-933249-77-7
Erhältlich bei: Wüstenrot Stiftung

Dokumentarfotografie Förderpreise 08
Katalog mit Arbeiten von Tanja Jürgensen, Mathias Königschulte, Maziar Moradi und Kim Sperling sowie einem Essay von Steffen Siegel. Herausgegeben von der Wüstenrot Stiftung, mit zahlreichen Abbildungen, 75 Seiten, Wüstenrot Stiftung, Ludwigsburg, 2011. ISBN 978-3-933249-30-2. Erhältlich bei: Wüstenrot Stiftung

Wohnungsmarktregionen in Deutschland
Herausgegeben von der Wüstenrot Stiftung und dem Institut für Siedlungs- und Wohnungswesen der Westfälischen Wilhelms-Universität Münster, 93 Seiten, Wüstenrot Stiftung, Ludwigsburg, 2011. ISBN 978-3-9812745-1-6. Erhältlich bei: Wüstenrot Stiftung

ZukunftsWerkstattWohnbauen 2010
Innerstädtische Verdichtung – Wohnen in Bremen
Sommerakademie der Wüstenrot Stiftung 2010 in Bremen
Herausgegeben von der Wüstenrot Stiftung, 119 Seiten, mit zahlreichen Abbildungen, Wüstenrot Stiftung, Ludwigsburg, 2011. ISBN 978-3-933249-75-3. Erhältlich bei: Wüstenrot Stiftung

Zukunft der Energieberatung in Deutschland
Herausgegeben von der Wüstenrot Stiftung, 171 Seiten, Wüstenrot Stiftung, Ludwigsburg, 2011. ISBN 978-3-933249-76-0
Erhältlich bei: Wüstenrot Stiftung

Denkmalpflege der Moderne
Herausgegeben von der Wüstenrot Stiftung mit Beiträgen von Monika Markgraf, Simone Oelker, Andreas Schwarting und Norbert Huse, 304 Seiten, Karl Krämer Verlag, Stuttgart, 2011.
ISBN 978-3-7828-1534-5

Rahel – Ein Buch des Andenkens
Herausgegeben von Barbara Hahn
Eine gemeinsame Veröffentlichung der Wüstenrot Stiftung und der Deutschen Akademie für Sprache und Dichtung, 6 Bände, 3070 Seiten, Wallstein Verlag, Göttingen, 2011.
ISBN 978-3-8353-0528-1, EUR (D) 69,--; EUR (A) 71,--; CHF 97,90

2010

Teaching Photography
Eine gemeinsame Veröffentlichung der Wüstenrot Stiftung und des Folkwang Museum, 146 Seiten, gebunden, Wüstenrot Stiftung, Ludwigsburg, 2010. ISBN 978-3-933249-29-6
Erhältlich beim: Museum Folkwang

Raumordnungspolitik in Deutschland
Prognos AG; 194 Seiten, gebunden, Wüstenrot Stiftung, Ludwigsburg, 2010. ISBN 978-3-933249-71-5. Erhältlich bei: Wüstenrot Stiftung

Oskar Loerke – Sämtliche Werke
Herausgegeben von Uwe Pörksen und Wolfgang Menzel
Eine gemeinsame Veröffentlichung der Wüstenrot Stiftung und der Deutschen Akademie für Sprache und Dichtung, 2 Bände, 1618 Seiten, Wallstein Verlag, Göttingen, 2010
ISBN 978-3-8353-0411-6, EUR (D) 45,--; EUR (A) 48,30; CHF 69,90

Adolph Freiherr Knigge: Werke
Herausgegeben von Pierre-André Bois, Wolfgang Fenner, Günter Jung, Paul Raabe, Michael Rüppel und Christine Schrader
Eine gemeinsame Veröffentlichung der Wüstenrot Stiftung und der Deutschen Akademie für Sprache und Dichtung, 4 Bände, 1850 Seiten, Wallstein Verlag, Göttingen, 2010.
ISBN 978-3-8353-0410-9, EUR (D) 49,--; EUR (A) 50,40; CHF 80,--

Baukultur – gebaute Umwelt.
Curriculare Bausteine für den Unterricht
Herausgegeben von der Wüstenrot Stiftung, mit Beiträgen von Eva-Maria Kabisch, Klaus Markel, Gisela Peine, Christine Sauerbaum-Thieme, Karlheinz Schaedler, Ralf Seifert, Thomas Thieme und Barbara Welzel, 140 Seiten, Wüstenrot Stiftung, Ludwigsburg, 2010
ISBN 978-3-933249-72-2. Erhältlich bei: Wüstenrot Stiftung

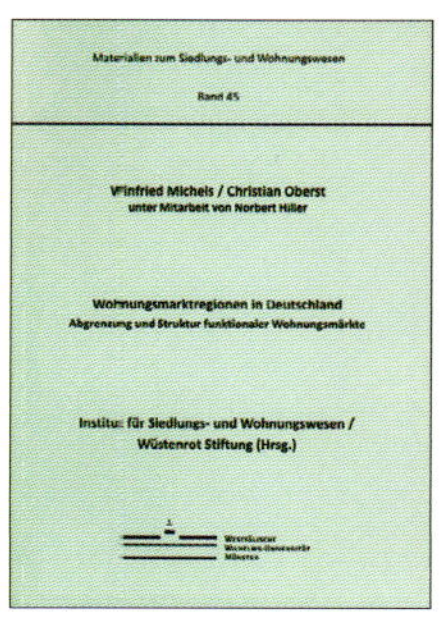

Stadtentwicklung und Integration Jugendlicher in Deutschland und Frankreich
Herausgegeben von der Wüstenrot Stiftung und dem Deutsch-Französischen Institut, 351 Seiten, mit zahlreichen Abbildungen, Wüstenrot Stiftung, Ludwigsburg, 2010. ISBN 978-3-933249-73-9
Erhältlich bei: Wüstenrot Stiftung

Infrastruktur und Stadtentwicklung
Herausgegeben vom Deutschen Institut für Urbanistik und der Wüstenrot Stiftung, 494 Seiten, Wüstenrot Stiftung, Ludwigsburg, 2010. ISBN 978-3-88118-483-0. Erhältlich bei: Wüstenrot Stiftung

Raumpilot (4 Bände)
Herausgegeben von der Wüstenrot Stiftung, Karl Krämer Verlag, Stuttgart, 2010. **Raumpilot Grundlagen**; 580 Seiten, zahlreiche Abbildungen und Pläne. ISBN 978-3-7828-1525-3
Raumpilot Arbeiten; 262 Seiten, zahlreiche Abbildungen und Pläne. ISBN 978-3-7828-1526-0 **Raumpilot Lernen**; 434 Seiten, zahlreiche Abbildungen und Pläne. ISBN 978-3-7828-1527-7 **Raumpilot Wohnen**; 315 Seiten, zahlreiche Abbildungen und Pläne
ISBN 978-3-7828-1528-4 **Raumpilot – alle vier Bände im Schuber**
ISBN 978-3-7828-1544-4, EUR 24,50

Das bauliche Erbe bewahren
Herausgegeben von der Wüstenrot Stiftung, 132 Seiten, zahlreiche Abbildungen, gebunden. Eine gemeinsame Veröffentlichung von Karl Krämer Verlag und Wüstenrot Stiftung, Stuttgart, 2010
ISBN 978-3-7828-1538-3, EUR 8,50

2009

Das Buch der Bücher von Peter Altenberg
Herausgegeben von der Wüstenrot Stiftung, zusammengestellt von Karl Kraus; mit einem Essay von Wilhelm Genazino, 3 Bände, insg. 1004 Seiten, Wallstein Verlag, Göttingen, 2009.
ISBN 978-3-8353-0409-3. EUR (D) 49,--; EUR (A) 50,40; CHF 80,--

Land und Leute – Kleine Gemeinden gestalten ihre Zukunft im demografischen Wandel!
Herausgegeben von der Wüstenrot Stiftung, 229 Seiten, mit zahlreichen Abbildungen, Wüstenrot Stiftung, Ludwigsburg, 2009
ISBN 978-3-933249-68-5. Erhältlich bei: Wüstenrot Stiftung

ZukunftsWerkstattWohnbauen 2008
Innerstädtische Konversionen – Wohnen in Frankfurt a. M.
Sommerakademie der Wüstenrot Stiftung 2008 in Frankfurt a. M. Herausgegeben von der Wüstenrot Stiftung, 119 Seiten, mit zahlreichen Abbildungen, Wüstenrot Stiftung, Ludwigsburg, 2009
ISBN 978-933249-69-2. Erhältlich bei: Wüstenrot Stiftung

Energieeffiziente Architektur
Forumsgespräch der Wüstenrot Stiftung am 23. Oktober 2008
Herausgegeben von der Wüstenrot Stiftung, 264 Seiten, mit zahlreichen Abbildungen, Karl Krämer Verlag, Stuttgart, 2009
ISBN 978-3-7828-1535-2, EUR 28,50

Dokumentarfotografie Förderpreise 2007/2008
Katalog mit Arbeiten von Andrea Diefenbach, Aymeric Fouquez, Kirill Golovchenko und Margret Hoppe sowie einem Essay von Simone Förster. Herausgegeben von der Wüstenrot Stiftung, mit zahlreichen Abbildungen, 60 Seiten, Wüstenrot Stiftung, Ludwigsburg, 2009
ISBN 978-3-933249-28-9, Auflage vergriffen

Kanzlerbungalow
Herausgegeben von der Wüstenrot Stiftung, 144 Seiten, mit zahlreichen Abbildungen, Prestel Verlag, München, 2009
ISBN 978-3-7913-5027-1, EUR 24,95

Der Kanzlerbungalow. Erhaltung, Instandsetzung, Neunutzung
Herausgegeben von Georg Adlbert, 80 Seiten, ca. 100 Abbildungen und Pläne. Eine gemeinsame Veröffentlichung der Wüstenrot Stiftung und des Karl Krämer Verlages, Stuttgart 2009.
ISBN 978-3-7828-1536-9, EUR 8,90 [D], EUR 9,20 [A], CHF 15,50

Route der Moderne
Gert Kähler: Route der Moderne – Vom Welterbe Breslau zum Welterbe Dessau, Architektur 1900 – 1930, herausgegeben von der Wüstenrot Stiftung, 160 Seiten, mit zahlreichen Abbildungen, Jovis Verlag, Berlin, 2009. ISBN 978-3-86859-008, EUR 19,95; CHF 36,60.
Auch in englischer Ausgabe erhältlich: ISBN 978-3-86859-015-9

Städte und Baugemeinschaften
Herausgegeben von der Wüstenrot Stiftung, 248 Seiten, gebunden. Eine gemeinsame Veröffentlichung des Karl Krämer Verlags und der Wüstenrot Stiftung, Stuttgart, 2009. ISBN 978-3-7828-1537-6
EUR 14,50

2008

Kinder- und Familienfreundlichkeit deutscher Städte und Gemeinden
Herausgegeben von der Wüstenrot Stiftung, 159 Seiten, mit zahlreichen Abbildungen, Wüstenrot Stiftung, Ludwigsburg, 2008
ISBN 978-3-933249-67-8. Erhältlich bei: Wüstenrot Stiftung

Land und Leute – Kleine Gemeinden bieten im Alter mehr?
Herausgegeben von der Wüstenrot Stiftung, 135 Seiten, mit zahlreichen Abbildungen, Wüstenrot Stiftung, Ludwigsburg, 2008.
ISBN 3-933249-65-1

Fokus Innenstadt
Herausgegeben von der Wüstenrot Stiftung, 253 Seiten, mit zahlreichen Abbildungen, Wüstenrot Stiftung, Ludwigsburg, 2008
ISBN 978-3-933249-66-1. Auflage vergriffen. Die Studie kann als pdf-Datei von unserer Homepage (www.wuestenrot-stiftung.de) aus der Rubrik „downloads“ heruntergeladen werden. Aufgrund des Umfangs der Studie sollte eine schnelle Verbindung genutzt werden.

Umbau im Bestand
Forumsgespräch der Wüstenrot Stiftung am 26. Oktober 2006
Herausgegeben von der Wüstenrot Stiftung mit Beiträgen von Johann Jessen, Stefan Krämer, Gerd Kuhn, Peter Kulka, Engelbert Lütke Daldrup, Jürgen Tietz. 272 Seiten, zahlreiche Pläne und Abbildungen, gebunden. Eine gemeinsame Veröffentlichung des Karl Krämer Verlags und der Wüstenrot Stiftung, Stuttgart, 2008. ISBN 978-3-7828-1531-4, EUR 28,50

Stadtsurfer, Quartierfans & Co.
Stadtkonstruktionen Jugendlicher und das Netz urbaner öffentlicher Räume. Herausgegeben von der Wüstenrot Stiftung, 208 Seiten, mit 160 farbigen Abbildungen. Eine gemeinsame Veröffentlichung des Jovis Verlags GmbH und der Wüstenrot Stiftung, Berlin, 2008.
ISBN 978-3-939633-65-5, EUR 32,--

Reformen in Kommunalpolitik und -verwaltung. England, Schweden, Frankreich und Deutschland im Vergleich
Hellmut Wollmann, Herausgegeben von der Wüstenrot Stiftung, 326 Seiten. Eine gemeinsame Veröffentlichung der Wüstenrot Stiftung und des VS Verlags, Wiesbaden, 2008. ISBN 978-3-531-15748-1, EUR 34,90

stadtmachen.eu – Urbanität und Planungskultur in Europa
Mit Beiträgen von Johann Jessen, Ute Margarete Meyer, Jochem Schneider, mit Fotos von Thomas Wolf. Herausgegeben von der Wüstenrot Stiftung, 237 Seiten. Eine gemeinsame Veröffentlichung der Wüstenrot Stiftung und des Karl Krämer Verlags, Stuttgart, 2008.
ISBN 978-3-7828-1524-6, EUR 25,--

Englischsprachige Fassung
stadtmachen.eu. Urbanity and the Planning Culture in Europe
ISBN 978-3-7828-1533-8, EUR 25,--

2007

Regionen als Wachstumsmotor – Was leisten Cluster für Innovationen?
Herausgegeben von Karl Heinrich Oppenländer
197 Seiten, gebunden, Wüstenrot Stiftung, Ludwigsburg, 2007.
ISBN 3-933249-64-3; Erhältlich bei: Wüstenrot Stiftung

Schule bauen – Bauen schult!
Wissenschaftliche Begleitforschung zu einem Modellprogramm des Landes Rheinland-Pfalz; Herausgegeben von der Wüstenrot Stiftung, 173 Seiten, zahlreiche Abbildungen, Wüstenrot Stiftung, Ludwigsburg, 2007. ISBN 3-933249-62-7; Erhältlich bei: Wüstenrot Stiftung

ZukunftsWerkstattWohnbauen 2006
Gemeinsam individuell – Wohnen in Leipzig
Sommerakademie der Wüstenrot Stiftung 2006 in Leipzig
Herausgegeben von der Wüstenrot Stiftung, 137 Seiten, mit zahlreichen Abbildungen, Wüstenrot Stiftung, Ludwigsburg, 2007.
ISBN 3-933249-00-7. Auflage vergriffen.

Dokumentarfotografie Förderpreise 2005/2006
Katalog mit Arbeiten von Verena Jaekel, Linn Schröder, Yvonne Seidel und Tobias Zielony sowie einem Essay von Wiebke Ratzeburg. Herausgegeben von der Wüstenrot Stiftung, mit zahlreichen Abbildungen, 73 Seiten, Ludwigsburg, 2007. ISBN 3-933249-22-8. Erhältlich bei: Wüstenrot Stiftung

Stadtwohnen
Geschichte – Städtebau – Perspektiven
Herausgegeben von Tilman Harlander u. a.
Eine gemeinsame Veröffentlichung der Wüstenrot Stiftung und der Deutschen Verlags-Anstalt, 400 Seiten, über 500 Abbildungen, gebunden mit Schutzumschlag, München, 2007. ISBN 978-3-421-03560-8, EUR 49,90

2006

Energieeffizienz von Gebäuden
Forumsgespräch der Wüstenrot Stiftung am 20. Oktober 2005
Herausgegeben von der Wüstenrot Stiftung, 141 Seiten, zahlreiche Pläne und Abbildungen, gebunden. Eine gemeinsame Veröffentlichung des Karl Krämer Verlags und der Wüstenrot Stiftung, Stuttgart, 2006. ISBN 3-7828-1523-8, EUR 15,-- Schutzgebühr

Doppelhaus in der Weißenhofsiedlung Stuttgart
Die Geschichte einer Instandsetzung
Herausgegeben Georg Adlbert, 192 Seiten, zahlreiche Pläne, Skizzen und Abbildungen. Eine gemeinsame Veröffentlichung des Karl Krämer Verlags und der Wüstenrot Stiftung, Stuttgart, 2006.
ISBN 3-7828-1522-X, EUR 25,--

Bauen für Kinder
Herausgegeben von der Wüstenrot Stiftung, 335 Seiten, zahlreiche Farbfotos, Pläne und Abbildungen, gebunden. Eine gemeinsame Veröffentlichung des Karl Krämer Verlags und der Wüstenrot Stiftung, Stuttgart, 2006. ISBN 3-7828-1521-1, EUR 28,50

Demographie und Stadtentwicklung
Beispiele aus Deutschland und Frankreich
Deutsch-Französisches Institut. Herausgegeben von der Wüstenrot Stiftung, 256 Seiten, zahlreiche Farbfotos, Pläne und Abbildungen, Wüstenrot Stiftung, Ludwigsburg 2006. ISBN 3-933249-61-9, Auflage vergriffen.

Démographie et projet urbain
Exemples en France et en Allemagne; ISBN 3-933249-63-5

2005

Urbanität und Identität zeitgenössischer europäischer Städte
Dokumentation des Symposiums am 11. November 2003 an der ETH Zürich. Mit Beiträgen von Wolfgang Kaschuba, Karl Schlögel, Gerhard Schulze und einem Vorwort von Vittorio Magnago Lampugnani. Herausgegeben von der Wüstenrot Stiftung, 68 Seiten, mit Fotos von Christian von Steffelin, Wüstenrot Stiftung, Ludwigsburg, 2005.
ISBN 3-933249-59-7; Erhältlich bei: Wüstenrot Stiftung

Wohnen im Alter
Herausgegeben von der Wüstenrot Stiftung, 168 Seiten, zahlreiche Farbfotos und Abbildungen. Eine gemeinsame Veröffentlichung des Karl Krämer Verlags und der Wüstenrot Stiftung, Stuttgart, 2005.
ISBN 3-7828-1520-3, EUR 24,90

Dokumentarfotografie Förderpreise 2003/2004
Katalog mit Arbeiten von Chris Durham, Sibylle Fendt, Ulrich Gebert und Wolfgang Müller sowie einem Essay von Ludger Derenthal. Herausgegeben von der Wüstenrot Stiftung, mit zahlreichen Abbildungen, 73 Seiten, Wüstenrot Stiftung, Ludwigsburg, 2005.
ISBN 3-933249-26-0; Erhältlich bei: Wüstenrot Stiftung

Deutsche Architektur seit 1900
Herausgegeben von Wolfgang Pehnt, 592 Seiten, über 850 Farbfotos und Abbildungen, gebunden, Deutsche Verlags-Anstalt, Stuttgart München, 2005. ISBN 3-421-03438-9, EUR 49,90

Digitale Bildverarbeitung, eine Erweiterung oder radikale Veränderung der Fotografie?
Dokumentation des Symposiums am 12./13. November 2004 im Museum Folkwang, Essen. Mit Arbeiten von Mitra Tabrizian und Stephen Shore sowie Beiträgen von Wolfgang Hagen, Klaus Pollmeier, Wolfgang Seljé, Gerhard Steidl und Herta Wolf. Herausgegeben von der Wüstenrot Stiftung, 77 Seiten, zahlreiche Abbildungen, Wüstenrot Stiftung, Ludwigsburg, 2005. ISBN 3-933249-27-9.
Auflage vergriffen.

ZukunftsWerkstattWohnbauen 2004
Abseits – mittendrin: Wohnen in Bonn
Sommerakademie der Wüstenrot Stiftung 2004 in Bonn
Herausgegeben von der Wüstenrot Stiftung, 127 Seiten, mit zahlreichen Abbildungen, Wüstenrot Stiftung, Ludwigsburg, 2005. ISBN 3-933249-58-9. Auflage vergriffen

2004

Wohnen im Eigentum in der Stadt
Herausgegeben von der Wüstenrot Stiftung, 200 Seiten, zahlreiche Farbfotos, Pläne und Abbildungen, gebunden. Eine gemeinsame Veröffentlichung des Karl Krämer Verlags und der Wüstenrot Stiftung, Stuttgart, 2004. ISBN 3-7828-1519-X, EUR 32,--

Schulen in Deutschland – Neubau und Revitalisierung
Herausgegeben von der Wüstenrot Stiftung, 376 Seiten, ca. 450 Farbfotos, zahlreiche Pläne/Abbildungen, gebunden mit Schutzumschlag, Karl Krämer Verlag, Stuttgart, 2004. ISBN 3-7828-1517-3, EUR 28,50

Das städtische Reihenhaus
Geschichte und Typologie
Herausgegeben von der Wüstenrot Stiftung, Verfasser: Klaus Theo Brenner, Helmut Geisert, 224 Seiten, zahlreiche Fotos, Pläne und Abbildungen, Leinen gebunden. Eine gemeinsame Veröffentlichung der Wüstenrot Stiftung und des Karl Krämer Verlags, Stuttgart, 2004. ISBN 3-7828-1518-1, EUR 38,50

Räumlicher Strukturwandel im Zeitalter des Internets
Neue Herausforderungen für Raumordnung und Stadtentwicklung
Herausgegeben von der Wüstenrot Stiftung. Eine gemeinsame Veröffentlichung des VS Verlag für Sozialwissenschaften und der Wüstenrot Stiftung, 316 Seiten, zahlreiche Pläne und Abbildungen, Broschüre, Wiesbaden, 2004. ISBN 3-531-14381-6, EUR 26,90

2003

Perspektive Dokumentarfotografie
Dokumentation des Symposiums am 28./29. September 2002 im Museum für Angewandte Kunst Köln, mit Beiträgen von Beatrix Nobis, Christoph Ribbat, Wiebke Ratzeburg und Rolf Sachsse sowie einem Interview mit Jörg Sasse. Herausgegeben von der Wüstenrot Stiftung, 61 Seiten, zahlreiche Abbildungen, Wüstenrot Stiftung, Ludwigsburg, 2003. ISBN 3-933249-23-6. Erhältlich bei: Wüstenrot Stiftung. Auflage vergriffen

Dokumentarfotografie Förderpreise 2001/2002
Katalog zur Ausstellung der Arbeiten von Espen Eichhöfer, Christoph Holzapfel, Andreas Thein, Anke Tillmann, Nicola Meitzner, mit einem Essay von Barbara Hofmann; Herausgegeben von der Wüstenrot Stiftung, 94 Seiten, mit zahlreichen Abbildungen, Wüstenrot Stiftung, Ludwigsburg, 2003. ISBN 3-933249-25-2.
Erhältlich bei: Wüstenrot Stiftung

Jugendliche in öffentlichen Räumen der Stadt
Herausgegeben von der Wüstenrot Stiftung, 296 Seiten, zahlreiche Farbfotos/Pläne/Abbildungen, Broschüre; eine gemeinsame Veröffentlichung des Verlags Leske + Budrich und der Wüstenrot Stiftung, Opladen, 2003. ISBN 3-8100-4044-4, EUR 24,90

Meisterhaus Muche/Schlemmer
Die Geschichte einer Instandsetzung
Herausgegeben von August Gebeßler, 216 Seiten, zahlreiche Pläne, Skizzen und Abbildungen, Karl Krämer Verlag, Stuttgart, 2003. ISBN 3-7828-1513-0, EUR 25--

Nutzungswandel und städtebauliche Steuerung
Forschungsprojekt des Deutschen Instituts für Urbanistik (Difu) im Auftrag der Wüstenrot Stiftung. Herausgegeben von der Wüstenrot Stiftung, 255 Seiten, 29 Abbildungen, 9 Tabellen, Verlag Leske + Budrich, Opladen, 2003. ISBN 3-8100-3783-4, EUR 24,90

BauWohnberatung Karlsruhe
Herausgegeben von der Wüstenrot Stiftung, 111 Seiten, Wüstenrot Stiftung, Ludwigsburg, 2003. ISBN 3-933249-55-4
Erhältlich bei: Wüstenrot Stiftung

2002

ZukunftsWerkstattWohnbauen 2002
Moderne Nomaden – Freizeitwohnen
Sommerakademie der Wüstenrot Stiftung 2002 in Kiel
Herausgegeben von der Wüstenrot Stiftung, bearbeitet von Kristina Hasenpflug und Günter Pfeifer, 127 Seiten, Wüstenrot Stiftung, Ludwigsburg, 2002. ISBN 3-933249-56-2, Auflage vergriffen

Der Wohngrundriss
Herausgegeben von Peter Faller unter Mitarbeit von Eberhard Wurst, 400 Seiten, über 800 Abbildungen, gebunden mit Schutzumschlag, Deutsche Verlags-Anstalt, Stuttgart München, 2002.
ISBN 3-421-03416-8, EUR 49,90

ZukunftsWerkstattWohnbauen 2001
Wohnen und Arbeiten im globalen Dorf
Sommerakademie der Wüstenrot Stiftung 2001 in Wismar
Herausgegeben von der Wüstenrot Stiftung, bearbeitet von Günter Pfeifer und Kristina Hasenpflug, 93 Seiten, Wüstenrot Stiftung, Ludwigsburg, 2002. ISBN 3-933249-53-8, Auflage vergriffen

Wohnbauen in Deutschland
Herausgegeben von der Wüstenrot Stiftung, 332 Seiten, ca. 330 Farbfotos, zahlreiche Pläne/Abbildungen, gebunden mit Schutzumschlag, Karl Krämer Verlag, Stuttgart, 2002.
ISBN 3-7828-1516-5, EUR 25,--; CHF 43,80

Wohneigentum in Europa
Herausgegeben von der Wüstenrot Stiftung, 207 Seiten, 34 Abbildungen und Tabellen, Wüstenrot Stiftung, Ludwigsburg, 2002.
ISBN 3-933249-54-6. Auflage vergriffen.

Haus Schminke
Die Geschichte einer Instandsetzung
Herausgegeben von Berthold Burkhardt, 216 Seiten, zahlreiche Pläne, Skizzen und Abbildungen, Karl Krämer Verlag, Stuttgart, 2002.
ISBN 3-7828-1514-9, EUR 25,--

2001

Dokumentarfotografie Förderpreise 1999/2000
Katalog mit Arbeiten von Frank Breuer, Markus Milde und Kalle Singer sowie mit einem Essay von Frits Gierstberg, 96 Seiten, gebunden, mit zahlreichen Abbildungen, Wüstenrot Stiftung, Ludwigsburg, 2001.
ISBN 3-933249-24-4, DM 18,-- Schutzgebühr. Auflage vergriffen

RAUMstationen – Metamorphosen des Raumes im 20. Jahrhundert
Herausgegeben von Egon Schirmbeck
Mit Beiträgen von Gernot Böhme, Steven Holl, Justin Korhammer, Rosalie, Axel Schultes, Lars Spuybroek, Shigeru Uchida, Wolfgang Welsch, Mark Wigley, 184 Seiten, zahlreiche Abbildungen, Wüstenrot Stiftung, Ludwigsburg, 2001. ISBN 3-933249-52-X, Auflage vergriffen.

Evaluationsstudie Betreutes Wohnen
Herausgegeben von der Wüstenrot Stiftung, 271 Seiten, Wüstenrot Stiftung, Ludwigsburg, 2001. ISBN 3-933249-48-1
Erhältlich bei: Wüstenrot Stiftung

Villa und Eigenheim – Suburbaner Städtebau in Deutschland
Herausgegeben von Tilman Harlander; in Verbindung mit Harald Bodenschatz, Gerhard Fehl, Tilman Harlander, Johann Jessen, Gerd Kuhn und Clemens Zimmermann, 519 Seiten, zahlreiche Abbildungen, Deutsche Verlags-Anstalt, Stuttgart, 2001.
ISBN 3-421-03299-8, DM 88,--

ZukunftsWerkstattWohnbauen 2000
Neue Nutzung in historischen Strukturen
Sommerakademie der Wüstenrot Stiftung 2000 in Görlitz
Herausgegeben von der Wüstenrot Stiftung, bearbeitet von Günter Pfeifer und Roland Kamzelak, 127 Seiten, Wüstenrot Stiftung, Ludwigsburg, 2001. ISBN 3-933249-51-1, Auflage vergriffen.

2000

Der Einsteinturm
Die Geschichte einer Instandsetzung. Herausgegeben von Norbert Huse, 208 Seiten, zahlreiche Abbildungen, Karl Krämer Verlag, Stuttgart, 2000. ISBN 3-7828-1512-2, DM 48,90

Gegenwärtige Vergangenheit
Fünf Erkundungen deutscher Baudenkmale; Von Ira Diana Mazzoni, 260 Seiten, Deutsche Verlags-Anstalt, Stuttgart, 2000. ISBN 3-421-03220-3, DM 48,--

ZukunftsWerkstattWohnbauen – 1999
Nutzungsmischung und Integration
Sommerakademie der Wüstenrot Stiftung 1999 in Weil am Rhein Herausgegeben von der Wüstenrot Stiftung, bearbeitet von Günter Pfeifer, 80 Seiten, Wüstenrot Stiftung, Ludwigsburg, 2000. ISBN 3-933249-50-3, Auflage vergriffen

Umnutzungen im Bestand – Neue Zwecke für alte Gebäude
Herausgegeben von der Wüstenrot Stiftung, 256 Seiten, Karl Krämer Verlag, Stuttgart, 2000. ISBN 3-7828-1515-7, DM 48,90

Technik und Wohnen im Alter
Herausgegeben von der Wüstenrot Stiftung, Dokumentation eines internationalen Wettbewerbes der Wüstenrot Stiftung, 270 Seiten, Wüstenrot Stiftung, Ludwigsburg, 2000. ISBN 3-933249-49-X Erhältlich bei der Wüstenrot Stiftung. Auflage vergriffen

Telearbeit in der postindustriellen Gesellschaft
Herausgegeben von der Wüstenrot Stiftung, 253 Seiten, Kohlhammer Verlag, Stuttgart, 2000. ISBN 3-17-016087-7, DM 44,–
Auflage vergriffen

Betreutes Wohnen in Weimar-Nord
Eine Dokumentation der Ergebnisse der Begleitforschung Herausgegeben von der Wüstenrot Stiftung, Bearbeitet von Gerhard Jung (Institut für Stadtforschung und Strukturpolitik), 206 Seiten, 2000. ISBN 3-933249-47-3; Erhältlich bei: Wüstenrot Stiftung

Die Architektur, die Tradition und der Ort
Regionalismen in der europäischen Stadt; Herausgegeben von Vittorio Magnago Lampugnani, 558 Seiten, Deutsche Verlags-Anstalt, Stuttgart, 2000. ISBN 3-421-03223-8, DM 78,--

Modernisierung der Kommunalverwaltung
Herausgegeben von der Wüstenrot Stiftung, Symposium der Wüstenrot Stiftung in Zusammenarbeit mit dem Deutschen Städtetag, 280 Seiten, kartoniert, Kohlhammer Verlag, Stuttgart, 2000. ISBN 3-17-016380-9, DM 48,--

1999

Pflege auf Probe
Ergebnisse der wissenschaftlichen Begleitung eines Modellprojektes im Kleeblatt-Pflegeheim Ludwigsburg. Herausgegeben von der Wüstenrot Stiftung, bearbeitet von Sabine Wenng, Dieter Kreuz und Daniela Bittner (Arbeitsgruppe für Sozialplanung und Altersforschung, München), 60 Seiten, 1999. ISBN 3-933249-45-7
Erhältlich bei: Wüstenrot Stiftung

Alte Menschen in ihrer Umwelt
Herausgegeben von Hans-Werner Wahl, Heidrun Mollenkopf und Frank Oswald, 294 Seiten, Westdeutscher Verlag, Opladen/Wiesbaden, 1999. ISBN 3-531-13437-X, DM 59,90

Neue Wohnformen im internationalen Vergleich
Herausgegeben von der Wüstenrot Stiftung, 160 Seiten, Kohlhammer Verlag, Stuttgart, 1999. ISBN 3-17-015946-1, DM 48,--
Auflage vergriffen

Ökologisch nachhaltige Entwicklung des Bauens
Herausgegeben von der Wüstenrot Stiftung, 238 Seiten, Wüstenrot Stiftung, Ludwigsburg, 1999. ISBN 3-933249-41-4. Erhältlich bei: Wüstenrot Stiftung. Auflage vergriffen

Wohnanpassung für ältere Menschen
Herausgegeben von der Wüstenrot Stiftung, Bearbeitet von Werner Göpfert-Divivier (Institut für Sozialforschung, Praxisberatung und Organisationsentwicklung GmbH, Saarbrücken), 120 Seiten, Wüstenrot Stiftung Ludwigsburg, 1999. ISBN 3-933249-46-5. Auflage vergriffen

Geschichte des Wohnens – Band 5:
1945 – heute Aufbau, Neubau, Umbau
Herausgegeben von Ingeborg Flagge, mit Beiträgen von Michael Andritzky, Werner Durth, Ingeborg Flagge, Tilman Harlander, Gert Kähler, Lidwina Kühne, Thomas Topfstedt, Margret Tränkle, Klaus von Beyme und Katrin Zapf, 1071 Seiten, gebunden, zahlreiche Abbildungen, Deutsche Verlags-Anstalt, Stuttgart, 1999. ISBN 3-421-03115-0, DM 128,-- (Subskription DM 98,--)

Geschichte des Wohnens – Band 1: 5000 v. Chr. – 500 n Chr.
Vorgeschichte – Frühgeschichte – Antike
Herausgegeben von Wolfram Hoepfner, mit Beiträgen von Bradley Ault, Gunnar Brands, Jens-Arne Dickmann, Manuel Fiedler, Dieter Hennig, Wolfram Hoepfner, Brita Jansen, Arno Kose, Franziska Lang, Claudia Liedtke, Helmut Luley, Leonard V. Rutgers, Wolfgang Schuller, Ernst-Ludwig Schwandner und Gerhard Zimmer, 959 Seiten, zahlreiche Abbildungen, Deutsche Verlags-Anstalt, Stuttgart, 1999. ISBN 3-421-03113-4, DM 128,-- (Subskription DM 98,--) Auflage vergriffen.

Kultur- und Stadtentwicklung
Kulturelle Potentiale als Image- und Standortfaktoren in Mittelstädten Herausgegeben von der Wüstenrot Stiftung, 183 Seiten, broschiert, zahlreiche Grafiken, 1999. ISBN 3-933249-44-9, Auflage vergriffen

Dokumentarfotografie Förderpreise 1997/1998
Katalog mit Arbeiten von Christian von Steffelin, Albrecht Tübke, Stefan Eikermann und Matthias Koch sowie mit einem Essay von Holger Liebs. Herausgegeben von der Wüstenrot Stiftung, mit zahlreichen Abbildungen, 91 Seiten, gebunden, Ludwigsburg, 1999. Schutzgebühr DM 18,-- Auflage vergriffen

1998

Geschichte des Wohnens – Band 2:
500 – 1800 Hausen – Wohnen – Residieren
Herausgegeben von Ulf Dirlmeier, mit Beiträgen von Ulf Dirlmeier, Gerhard Fouquet, Jens Friedhoff, Imma Kilian, Antje Kluge-Pinsker, Fritz Schmidt, 816 Seiten, zahlreiche Abbildungen, Deutsche Verlags-Anstalt, Stuttgart, 1998. ISBN 3-421-03112-6, DM 128,-- (Subskription DM 98,--)

Ludwigsburger Gespräche – Mobilität in der postindustriellen Gesellschaft
Referate und Diskussionsbeiträge zu Formen, Folgen und Auswirkungen gesteigerter Mobilität. Herausgegeben von der Wüstenrot Stiftung, mit Beiträgen von H. J. Barth, F. Buttler, J. Eeckhoff, H. Lübbe, Ch. Lutz, H. Matthes, J. Maurer, U. Pfeiffer, F. Romeiß-Stracke u.a., 172 Seiten, Kohlhammer Verlag, Stuttgart, 1998. ISBN 3-17-015386-2, DM 39,80 Auflage vergriffen

Ohne Leitbild? – Städtebau in Deutschland und Europa
Herausgegeben von Robert Sander (Hrsg.), Heidede Becker, Johann Jessen, 520 Seiten, über 500 Abbildungen, Karl Krämer Verlag, Stuttgart, 1998. ISBN 3-7828-1510-6, DM 68,--

Lebensstile, Wohnbedürfnisse und räumliche Mobilität
von Nicole Schneider und Annette Spellerberg, 297 Seiten, zahlreiche Abbildungen, Leske + Budrich, Opladen, 1998. ISBN 3-8100-2212-8, DM 33,--

Energiebilanzierung von Gebäuden
Herausgegeben von Gerd Hauser und Gerhard Hausladen mit Beiträgen von Anton Maas, im Auftrag der Wüstenrot Stiftung, 56 Seiten, mit CD-ROM, broschiert, Karl Krämer Verlag, Stuttgart, 1998. ISBN 3-7828-1511-4, DM 35,-- Auflage vergriffen

Planen und Bauen: Meine Schule
Akademie der Architektenkammer Hessen und Wüstenrot Stiftung (Hrsg.) Ein Modellprojekt der Wüstenrot Stiftung in Zusammenarbeit mit der Akademie der Architektenkammer Hessen, 95 Seiten, zahlreiche Abbildungen, Ernst Klett Verlag, Stuttgart, 1998. ISBN 3-12-207040-5, DM 22,--

Integriertes Wohnen im städtebaulichen Kontext
Herausgegeben von der Wüstenrot Stiftung, mit Beiträgen von Erich Bracher, Klaus Töpfer, Hermann Schröder und Roland Ostertag, 96 Seiten, gebunden, mit zahlreichen Abbildungen, Karl Krämer Verlag, Stuttgart, 1998. ISBN 3-7828-4030-5, DM 48,--

1997

Städtebau in Frankreich
Bericht einer Exkursion
Herausgegeben von der Wüstenrot Stiftung, 86 Seiten zahlreiche Abbildungen, kartoniert, Wüstenrot Stiftung, Ludwigsburg, 1997. Auflage vergriffen

Wir und die anderen
Ein Lesebuch zu Politik und Gesellschaft. Herausgegeben von Renate I. Mreschar, im Auftrag von der Stiftung Öffentlichkeitsarbeit für die Wissenschaft e. V. und Wüstenrot Stiftung, 463 Seiten, 1997. Auflage vergriffen

Abschied vom Zentralismus?
Neue regionale Modernisierungspolitiken in Frankreich
Herausgegeben von der Wüstenrot Stiftung, bearbeitet von Wolfgang Neumann und Henrik Uterwedde, Deutsch-Französisches Institut, Ludwigsburg, 154 Seiten, 11 Abbildungen, 17 Tabellen, IRB-Verlag, Stuttgart, 1997. ISBN 3-8167-4686-1, DM 36,--

Nachfrage- und Angebotswirkungen des Wohngeldes
Theoretische Analyse und empirische Überprüfung
Herausgegeben vom Institut für Siedlungs- und Wohnungswesen und der Wüstenrot Stiftung, 263 Seiten, broschiert, mit zahlreichen Abbildungen, Selbstverlag des Instituts für Siedlungs- und Wohnungswesen und des Zentralinstituts für Raumplanung der Universität Münster, 1997. ISBN 3-88497-145-X, DM 38,--

Geschichte des Wohnens – Band 3: 1800–1918 Das bürgerliche Zeitalter
Herausgegeben von Jürgen Reulecke, mit Beiträgen von Jürgen Reulecke, Adelheid von Saldern, Clemens Wischermann, Frank Zadach-Buchmeier und Clemens Zimmermann, 767 Seiten, gebunden, mit 764 Abbildungen, Deutsche Verlags-Anstalt, Stuttgart, 1997. ISBN 3-421-03113-4, DM 128,-- (Subskription DM 98,--) Auflage vergriffen.

Chancen und Risiken des Betreuten Wohnens
Eine Betrachtung der volkswirtschaftlichen Gesamtkosten unterschiedlicher Wohnformen. Herausgegeben von der Wüstenrot Stiftung (Hrsg.), Steffen Bohm unter Mitarbeit von A. Boden, S. Dudey, G. Kühn-Mörsberger, P. Reschke, E. Schulze, V. Ansorge, 230 Seiten, 6 Abbildungen, 28 Tabellen, kartoniert, IRB-Verlag, Stuttgart, 1997. ISBN 3-8167-5341-8, DM 38,--

Wohnquartiernahe Alltagshilfen
Ergebnisse eines bundesweiten Wettbewerbes; Herausgegeben von der Wüstenrot Stiftung mit Beiträgen von T. Bock, E. Bracher, V. Eichener, C. Nolte, H. P. Tews, R. Schweikart, 130 Seiten, 25 Abbildungen, kartoniert, IRB-Verlag, Stuttgart, 1997. ISBN 3-8167-5340-X, DM 34,-- Auflage vergriffen.

Denkmalpflege im vereinigten Deutschland
Herausgegeben von der Wüstenrot Stiftung, 160 Seiten, zahlreiche Abbildungen, Deutsche Verlags-Anstalt, Stuttgart, 1997. ISBN 3-421-03218-1, DM 68,--

Neues Wohnen in Weimar-Nord
Städtebaulicher Ideenwettbewerb mit baulicher Vertiefung
Herausgegeben von Wüstenrot Stiftung, Sonderheft architektur + wettbewerbe, 64 Seiten, viele Abbildungen, Karl Krämer Verlag, Stuttgart, 1997. ISBN 3-7828-0213-6, DM 30,--

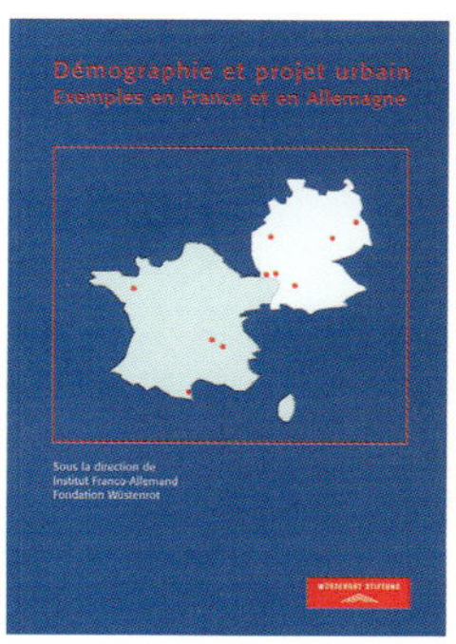

1996

Dokumentarfotografie Förderpreise 1994/1995
Katalog mit Arbeiten des ersten Förderpreises von Andreas Heddergott, Thomas Wolf, Max Baumann und Julia Sörgel sowie mit einem Essay von Brigitte Werneburg und Reinhard Matz. Herausgegeben von der Wüstenrot Stiftung, mit zahlreichen Abbildungen, 88 Seiten, gebunden, Ludwigsburg, 1996. Schutzgebühr DM 18,-- Auflage vergriffen.

Geschichte des Wohnens - Band 4:
1918 – 1945 Reform, Reaktion, Zerstörung
Herausgegeben von Gert Kähler, mit Beiträgen von Stefan Böhm-Ott, Thomas Hafner, Kristina Hartmann, Gert Kähler, Rolf Kornemann, Marianne Rodenstein und Adelheid von Saldern, 744 Seiten, gebunden, mit rund 800 Abbildungen, Deutsche Verlags-Anstalt, Stuttgart, 1996. ISBN 3-421-03114-2, DM 128,-- (Subskription DM 98,--)

Entwurf zur Moderne
Hellerau: Stand Ort Bestimmung
Herausgegeben von Werner Durth mit Beiträgen von Erich Bracher, Werner Durth, Hermann Glaser, Wolfgang Hähle, Kristina Hartmann, Johannes Heisig, Karl Lorenz, Hans-Joachim Meyer, Marco de Michelis, Detlev Schneider, Gert Selle und Peter Zlonicky, 163 Seiten, gebunden, mit zahlreichen Abbildungen, Deutsche Verlags-Anstalt, Stuttgart, 1996. ISBN 3-421-03217-3, DM 78,--

Modernisierung der kommunalen Planungs- und Bauverwaltung
Symposium der Wüstenrot Stiftung (Hrsg.) in Zusammenarbeit mit dem Deutschen Städtetag; mit Beiträgen von Erich Bracher, Karl Heinrich Oppenländer, Jochen Dieckmann, Jakob Maurer, Christoph Hackelsberger, Klaus J. Beckmann, 127 Seiten, kartoniert, IRB Verlag, Stuttgart, 1996. ISBN 3-8167-4109-6, DM 36,-- Auflage vergriffen

Der Wohngrundriß
Entwicklungslinien 1920 - 1990, Schlüsselprojekte, Funktionsstudien von Peter Faller, 392 Seiten, gebunden, zahlreiche Abbildungen, Deutsche Verlags-Anstalt, Stuttgart, 1996. ISBN 3-421-03211-4 DM 88,-- Auflage vergriffen.

1995

Betreutes Wohnen mit Pflegekern
Herausgegeben von der Wüstenrot Stiftung, Sonderheft architektur + wettbewerbe, 88 Seiten, viele Abbildungen, Karl Krämer Verlag, Stuttgart, 1995. ISBN 3-7282-0212-8, DM 35,--

Funktion und Formen von Bewohnerbeteiligung im Betreuten Wohnen
Von Jochen Schott und Gerda Zill, WOHNBUND Frankfurt, 70 Seiten, kartoniert, IRB-Verlag, Stuttgart, 1995. ISBN 3-8167-4105-3, DM 25,--

Qualitätsmerkmale des Betreuten Wohnens
Von Rudolf Schweikart und Walburga Wessel, ISPO-Institut, Saarbrücken, 143 Seiten, kartoniert, IRB-Verlag, Stuttgart, 1995. ISBN 3-8167-4104-5, DM 32,--

Baumanagement in den neuen Bundesländern
Beiträge zu den Symposien in Weimar 1993 und Dresden 1994, herausgegeben von Wolfgang Rösel, 281 Seiten, kartoniert, Deutsche Verlags-Anstalt, Stuttgart, 1995. ISBN 3-421-03215-7, DM 52,-- Auflage vergriffen.

Auterwitz – Dorf und Landschaft im Umbruch
Herausgegeben von Jürgen Riedel und Klaus J. Schulz, Aufbauwerk im Freistaat Sachsen GmbH, 246 Seiten, zahlreiche Abbildungen und Karten, gebunden, Deutsche Verlags-Anstalt, Stuttgart, 1995. ISBN 3-421-03214-9, DM 60,--

Mieterstudie Weimar-Nord 1994
Von Katrin Zapf, Gerhard Jung, Christian Pfeiffer und Dagmar Breuer Ergebnisse der Mieterbefragung, 222 Seiten, zahlreiche Grafiken, kartoniert, IRB Verlag, Stuttgart, 1995. ISBN 3-8167-4099-5, DM 38,-- Auflage vergriffen.

Die Kleeblatt-Pflegeheime im Landkreis Ludwigsburg
Abschlussbericht der wissenschaftlichen Begleitforschung im Auftrag der Wüstenrot Stiftung,Schriftenreihe der Wüstenrot Stiftung bei der Deutschen Verlags-Anstalt, Stuttgart, 1995. ISBN 3-421-03216-5 DM 58,--

Wohneigentum und Familie
Von Ulrich Pfeiffer, Reiner Braun unter Mitarbeit von Achim Dübel und Hermann Buslei, empirica, Bonn, 147 Seiten, IRB-Verlag Stuttgart, 1995. ISBN 3-8167-4100-2, DM 38,-- Auflage vergriffen

Betreutes Wohnen im Alter. Ein neues Konzept sichert eine eigenständige Lebensführung (Videofilm)
FUNKKOLLEG-Werkstatt: Materialien & Analysen. Im Auftrag der Wüstenrot Stiftung, Deutsches Institut für Fernstudienforschung (DIFF),1995. Video-Film (ca. 22 min.) + Begleitbroschüre (ca. 32 Seiten), Titel-Nr. 02690, Schutzgebühr DM 25,-- Erhältlich beim: Deutschen Institut für Fernstudienforschung an der Universität Tübingen (DIFF)/Medienabteilung der Universität Tübingen, Postfach 15 69, 72005 Tübingen (Tel. 07071/979-328)

1994

Raumordnungspolitik in Frankreich und Deutschland
Herausgegeben vom Deutsch-Französischen Institut, Wolfgang Neumann und Henrik Uterwedde, 146 Seiten, gebunden, Deutsche Verlags-Anstalt, Stuttgart, 1994. ISBN 3-421-03212-2, DM 60,--

Konversion militärischer Flächen
Handlungsempfehlungen für die Kommunen von Hartmut Dieterich, Beate Dieterich-Buchwald, Franz-Josef Lemmen und Winrich Voß, 92 Seiten, zahlreiche Abbildungen, IRB Verlag, Stuttgart, 1994. ISBN 3-8167-4094-4, DM 34,-- Auflage vergriffen

Umweltqualität als kommunaler Standortfaktor
Ganzheitliche Planung nachhaltiger Entwicklung im ländlichen Raum am Beispiel der sächsischen Kleinstadt Kohren-Sahlis; von Tomas Brückmann, Hans-Joachim Schemel und Kristin-Charlotte Wedekind, 338 Seiten, kartoniert, IRB Verlag, Stuttgart, 1994. . ISBN 3-8167-4097-9, DM 48,-- Auflage vergriffen

Selbständigkeit durch Betreutes Wohnen im Alter
Herausgegeben von der Wüstenrot Stiftung mit Beiträgen von Hans Peter Tews, Erich Bracher, Hans Joachim Schäfer, Helga Solinger, Jürgen Steinert, Roland Ostertag. 144 Seiten, zahlreiche Abbildungen, Karl Krämer Verlag, Stuttgart, 1994. ISBN 3-7828-4023-2, DM 44,-- Auflage vergriffen

Modernisierung der Kommunalverwaltung
Im Bereich Planen, Bauen und Umwelt; unter Mitwirkung von Berno Haller, Helmut Klages, Bernd Scholl, Albert Speer, Christiane Thalgott, Sigurd Trommer, 86 Seiten, 6 Abbildungen, kartoniert, IRB Verlag, Stuttgart, 1994. ISBN 3-8167-4093-6, DM 34,-- Auflage vergriffen

Allergenarm Bauen – Gesünder Wohnen
Forumsgespräch der Wüstenrot Stiftung 1992. Herausgegeben von Karl A. Gertis und Michael Schmitz, 187 Seiten, Deutsche Verlags-Anstalt, Stuttgart, 1994. ISBN 3-421-03210-6, DM 48,-- Auflage vergriffen

Zukunft der Gegenwart
Herausgegeben von Egon Schirmbeck mit Beiträgen von Peter Baumbach, Wulf Brandstädter, Joe Coenen, Guillermo Vazquez Consuegra, Vakhtang Davitaia, Roger Diener, Miklos Hofer, Arno Lederer, Ueli Marbach, Yannis Michail, Georg Mörsch, Boris Podrecca, Arthur Rüegg, Karljosef Schattner, Luigi Snozzi, Karla Szyszkowitz-Kowalski, Michael Szyszkowitz und Heinz Tesar, 240 Seiten, 400 Abbildungen, Deutsche Verlags-Anstalt, Stuttgart, 1994. ISBN 3-421-03209-2, DM 128,--

Transformation der Wohnungswirtschaft in Polen
Institut für Wohnungs- und Siedlungswesen der Universität Münster. Bearbeitet von Philipp Kruse und Karin Weber, 280 Seiten, Deutsche Verlags-Anstalt, Stuttgart, 1994. ISBN 3-421-03213-0, DM 78,-- Auflage vergriffen

1993

Zukunft Stadt 2000
Stand und Perspektiven der Stadtentwicklung; mit Beiträgen von Bernhard Felderer, Lothar Finke, Peter Hall, Christoph Reichard, Jochen Schulz zur Wiesch, Wulf Tessin, Michael Wagner, Petra Zimmermann-Schwier, 449 Seiten, Deutsche Verlags-Anstalt, Stuttgart, 1993. ISBN 3-421-03208-4, DM 88,--

Die Modernisierung des industriellen Wohnungsbaus in der ehemaligen DDR
Eine wohnungswirtschaftliche, soziologische und bautechnische Bestandsanalyse. Wüstenrot Stiftung, 2 Bände, 750 Seiten, ca. 380 Abbildungen, kartoniert, Deutsche Verlags-Anstalt, Stuttgart, 1993, ISBN 3-421-03206-8, DM 98,-- Auflage vergriffen

Soziale und stadtstrukturelle Wirkungen der Wohnungs- und Städtebaupolitik in Frankreich am Beispiel der Groß-Siedlungen
Von Wolfgang Neumann, Henrik Uterwedde; 134 Seiten, Format 21,5 x 27 cm, Deutsche Verlags-Anstalt, Stuttgart, 1993. ISBN 3-421-03207-6, DM 60,-- Auflage vergriffen

Rechtsfolgen der Enteignungen von Grundbesitz und Wohngebäuden in der ehemaligen DDR zwischen 1949 und 1990
Von Karl Heinrich Friauf, Michael Horscht. Die „offenen Vermögensfragen" aus verfassungsrechtlicher und einfach-gesetzlicher Sicht (Einigungsvertrag, VermögensG, InvestitionsG, EntschädigungsG), 214 Seiten, Deutsche Verlags-Anstalt, Stuttgart, 1993. ISBN 3-421-03203-3, DM 68,-- Auflage vergriffen

Privatisierung von in öffentlicher Hand befindlichen Wohnungen in der ehemaligen DDR
Herausgegeben von Karin Behring, Benedikt Thanner unter Mitarbeit von Peter Dullinger und Georg Goldrian, 247 Seiten, 28 Tabellen, 3 Abbildungen, kartoniert, IRB-Verlag, Stuttgart, 1993. ISBN 3-8167-4038-X, DM 42,-- Auflage vergriffen

Wohnungsbaufinanzierung und Perspektiven der Wohnungsnachfrage in den neuen Bundesländern
Von Bernd Bartholmai, Manfred Melzer unter Mitarbeit von Doris Gladisch, Ruth Grunert, Werner Boschitsch, Helmut Meier, Jochen Suchardt, Hans-Joachim Schulze, Katharina Dittmann, Peter Ring, 140 Seiten, 80 Tabellen und Schaubilder, Deutsche Verlags-Anstalt, Stuttgart, 1993. ISBN 3-421-03204-1, DM 78,-- Auflage vergriffen

Stadtentwicklung bei zunehmender Bodenknappheit
Vorschläge für ein besseres Steuerungssystem. Von Ulrich Pfeiffer, Jürgen Aring unter Mitarbeit von Boris Braun, Frank Bronder, Bernd Zeitzen, 202 Seiten, 23 Abbildungen, 17 Tabellen, Deutsche Verlags-Anstalt, Stuttgart, 1993. ISBN 3-421-03205-X, DM 68,-- Auflage vergriffen

1992

Wohnungspolitik für morgen
Forumsgespräch 1991 der Wüstenrot Stiftung
Mit Beiträgen von Reinhard Altenmüller, Peter Conradi, Peter Dürr, Burkhard Fichtner, Peter Götz, Werner Hauser, Walter Hitschler, Lothar Hübl, Michael Jungblut, Karl Lang, Bernd von Monschaw, Otto Schäfer, Helmut Schlich, Hans-K. Schneider, Dieter Vogel, Christoph Wocher, 99 Seiten, Deutsche Verlags-Anstalt, Stuttgart, 1992. ISBN 3-421-03201-7, DM 48,-- Auflage vergriffen

Die Folgen früherer Enteignungen von Grundbesitz in der ehemaligen DDR
Von Helmut Jenkis unter Mitarbeit von Karlheinz Pauls, 128 Seiten, 19 Tabellen, Format 21,5 x 27 cm, Deutsche Verlags-Anstalt, Stuttgart, 1992. ISBN 3-421-03202-5, DM 68,-- Auflage vergriffen

Projektübersicht

Laufende Projekte
Abgeschlossene Projekte

2011
- Leuchtturmprojekte in der Architektur
- Älter werden im Quartier
- Wohnatlas – Leben zu Hause
- Quo vadis Städtebauförderung
- Gestaltungspreis 2012: Zukunft der Vergangenheit
- ZukunftsWerkstattWohnbauen 2012
- Baukultur in den Medien III
- Symposium zur Fotografie „A Medium in Transition" 2012
- Denkmalpflege von Bauten der 1960er- und 1970er-Jahre in Ostdeutschland
- Präventive Strategien in der Städtebauförderung
- Stoffmustersammlung der Pausa-Werke
- Internetportal DenkmalPraxisModerne
- Siedlerhaus, Hettingen/Odenwald (Machbarkeitsstudie)

2010
- Solarthermie – Baustein der Energiewende
- Forum Architektur
- Technische Wohninfrastruktur II
- Bildung, Kunst und Kultur in kleinen Gemeinden
- Evaluation Schulbauwettbewerbe in Rheinland-Pfalz
- Dokumentarfotografie Förderpreise 09
- Symposium zur Fotografie „The Other Side"
- Denkmalprogramm 2011/2012
- Umlauftank 2, Berlin (Machbarkeitsstudie)
- Brutalismus
- Neue Zukunft für ein ungeliebtes baukulturelles Erbe
- Literatur bewahren! II
- Baukultur – Gebaute Umwelt II

2009
- Wohnungsmarktregionen in Deutschland
- Symposium zur Fotografie „Teaching Photography"
- Freiwilliges Soziales Jahr Kultur
- Gestaltungspreis 2010: Neues Wohnen in der Stadt
- Kunsthochschule Berlin-Weißensee (Aula)
- ZukunftsWerkstattWohnbauen 2010, Bremen
- Nutzungskonflikt Erdgeschoss
- Jugend pro Beruf II

2008
- Baukultur – Gebaute Umwelt
- Energieberatung in Deutschland
- Literatur bewahren!
- Kunsthochschule Berlin-Weißensee (Machbarkeitsstudie)
- Die Raumordnungspolitik in Deutschland
- Die Zukunft der Stadtgesellschaften
- Einfamilienhausgebiete der 1950er- bis 1970er-Jahre
- Baukultur in den Medien II
- Dokumentarfotografie Förderpreise 08
- Anna-Vorwerk-Haus, Wolfenbüttel

2007
- Gestaltungspreis 2007: Energieeffiziente Architektur
- Stoffmustersammlung Pausa-Werke
- Planungskultur im Dialog
- Technische Wohninfrastruktur
- Gepflegte Moderne
- Älter werden im ländlichen Raum
- ZukunftsWerkstattWohnbauen 2008, Frankfurt
- Geschwister-Scholl-Gesamtschule, Lünen
- Anna-Vorwerk-Haus (Machbarkeitsstudie)
- Stadtentwicklung und Integration von Jugendlichen

2006
- Neunutzung Kanzlerbungalow Bonn
- Sanierung Teehaus am Rhein
- Geschwister-Scholl-Schule (Machbarkeitsstudie)
- Jugend pro Beruf I
- Wohnen im Alter
- Familien-/Kinderfreundliche Städte
- Region als Wachstumsmotor
- 6. Kurzfilm-Förderpreis 2007
- Dokumentarfotografie Förderpreise 2007/2008
- Grenzstandorte und Zwischennutzungen in der Stadterneuerung
- Energie-Haus-Zukunft

2005
- Kanzlerbungalow Bonn (Machbarkeitsstudie)
- Dokumentarfotografie Förderpreise 2005/2006
- Retrospektive 10 Jahre Dokumentarfotografie Förderpreise
- Jugend und öffentliche Räume II
- Neuausrichtung der Gebäudelehre (Raumpilot)
- Le Corbusier-Doppelhaus, Stuttgart
- Energieeffizienz von Gebäuden, Forum 2005
- Denk-mal-(Ausstellung)

- Baukultur in den Medien
- Gestaltungspreis: Umbau im Bestand
- Schulbauwettbewerb Rheinland-Pfalz
- Netzwerk Topografie der Moderne
- ZukunftsWerkstattWohnbauen 2006, Leipzig
- Kanzlerbungalow, Bonn
- Zukunft Innenstadt

2004
- ZukunftsWerkstattWohnbauen 2004, Bonn
- Stadterneuerung in Baden-Württemberg
- Städtisches Wohnen im Eigentum
- Wohnberatung in Deutschland
- Internetportal Denkmal Praxis Moderne
- 5. Kurzfilm-Förderpreis 2005

2003
- Wohnen in der Stadt, Forum 2003
- 4. Kurzfilm-Förderpreis 2003
- Dokumentarfotografie Förderpreise 2003/2004
- Mendelsohn Retrospektive
- Gestaltungspreis: Bauen für Kinder

2002
- Gestaltungspreis: Schulen in Deutschland
- Symposium Dokumentarfotografie
- ZukunftsWerkstattWohnbauen 2002, Kiel
- Modernisierung der Kommunalverwaltung (Folgeprojekt)
- Deutsche Architektur seit 1900
- Regionalökonomie
- Umbau Rathaus/Stadtmodell Quedlinburg

2001
- Aneignung öffentlicher Räumen durch Jugendliche
- Messe „Alter und Pflege" 2001
- Raumstruktur und New Economy
- ZukunftsWerkstattWohnbauen 2001, Wismar
- Dokumentarfotografie Förderpreise 2001/2002
- Gestaltungspreis: Schulen in Deutschland
- Baukultur im Europa der Regionen / Forum 2001
- Der Wohngrundriss (Neuausgabe)
- Urbane Wohnbautypologien
- Internationaler Architektur-Kongress 2002
- Bugenhagen-Haus, Wittenberg

2000
- Gestaltungspreis: Wohnbauen in Deutschland
- Urban 21 (Ausstellungsprojekt)
- ZukunftsWerkstattWohnbauen 2000, Görlitz
- Demografischer Wandel in Frankreich und Deutschland
- Le Corbusier-Doppelhaus, Stuttgart
- Muche/Schlemmer-Haus
- 3. Kurzfilm-Förderpreis 2001

1999
- Biblisches Haus, Görlitz
- Dokumentarfotografie Förderpreise 1999/2000
- 2. Kurzfilm-Förderpreis 1999
- Messe „Älter werden" 1999
- Villa Schminke
- Jugend und gebaute Umwelt
- Wohneigentum in Europa
- Zukunftsfragen des Wohnens/Wohnbauens
- Flexible Steuerung städtebaulicher Nutzung
- Betreutes Wohnen (Publikation)

1998
- MDR-Fernsehbeiträge „Zuhause"
- Alte Menschen in ihrer Umwelt
- Pflege auf Probe
- ZukunftsWerkstattWohnbauen 1998, Weil am Rhein
- RAUMstationen
- Gegenwärtige Vergangenheit
- Der Einsteinturm

1997
- Neue Wohnformen im internationalen Vergleich (Forum)
- Evaluationsstudie Betreutes Wohnen
- Technik und Wohnen im Alter (I + II)
- Meisterhaus Dessau
- Gestaltungspreis: Umnutzungen im Bestand
- Baukultur im Fernsehen

1996
- 1. Kurzfilm-Förderpreis 1997
- Wohnanpassung für ältere Menschen
- Dokumentarfotografie Förderpreise 1997/1998
- Modellhafte Bestandsaufnahme Quedlinburg
- Sustainable housing – Ökologisch nachhaltige Entwicklung des Bauens
- Prozesshafte Projektberatung Wohnungsbau

- Sonstiges Betreutes Wohnen/Messe 1997
- Villa und Eigenheim
- Abschied vom Zentralismus?
- Walter-Gropius-Zimmer, Bauhaus Dessau
- Ideenwettbewerb Festspielhaus Hellerau
- Scharoun-Villa, Löbau

1995
- Entwurf zur Moderne
- Geschichte des Wohnens (Band IV)
- Die Architektur, die Tradition und der Ort
- Denkmalpflege im vereinigten Deutschland
- Telearbeit in der postindustriellen Gesellschaft
- Lebensstile, Wohnbedürfnisse und Mobilität
- Ohne Leitbild? - Städtebau in Deutschland und Europa
- Mobilität in der postindustriellen Gesellschaft
- Aktuelle Tendenzen im Wohnbauen
- Baukultur in der Lokalpresse
- Kultur- und Stadtentwicklung
- Geschichte des Wohnens (Band I)
- Geschichte des Wohnens (Band II)
- Geschichte des Wohnens (Band III)
- Geschichte des Wohnens (Band V)
- Nachfrage- und Angebotswirkungen des Wohngeldes

1994
- 2. Denkmalprogramm Neue Bundesländer (Journalisten-Reise)
- Planen und Bauen: Meine Schule
- Energiebilanzierung von Gebäuden
- Gestaltungspreis: Integriertes Wohnen im städtebaul. Kontext
- Einsteinturm, Potsdam
- Fortsetzung Stadtbad, Halle
- Funktion und Formen von Bewohnerbeteiligung im BW
- Betreutes Wohnen mit Pflegekern
- Betreutes Wohnen in Weimar-Nord
- Wohnquartiernahe Alltagshilfen
- Chancen und Risiken des Betreuten Wohnens
- Hellerau II, Dresden-Hellerau
- Word-Speicher, Quedlinburg
- Frommannsches Haus, Jena
- Marientor, Naumburg

1993
- Wir und die anderen - Jugendlesebuch
- Städtebau in Frankreich (Fachexkursion)

1992
- Zukunft Stadt 2000
- Mieterstudie Weimar-Nord 1994
- Neues Wohnen in Weimar-Nord 1996
- Expertengespräch Neue Bundesländer
- vhw, Kommunale Wohnkonzepte
- Modernisierung der Kommunalverwaltung
- Gestaltungspreis: Betreutes Wohnen im Alter
- Dokumentarfotografie Förderpreise 1994/1995
- Umweltqualität als kommunaler Standortfaktor
- Konversion militärischer Flächen
- Raumordnungspolitik in Frankreich und Deutschland
- Auterwitz, Dorf und Landschaft im Umbruch
- Baumanagement in den Neuen Bundesländern

1991
- Wohnungspolitik für morgen (Forum 1991)
- Schulungen zum Denkmalrecht
- Soziale und stadtstrukturelle Wirkungen der Wohnungs- und Städtebaupolitik in Frankreich
- Schulungen Baurecht, Deutscher Verband
- Stiftungsprofessur Leipzig
- Transformation der Wohnungswirtschaft in Polen
- IAW, Wohnungsmonitor Baden-Württemberg
- Die Kleeblatt-Pflegeheime im Landkreis Ludwigsburg
- 1. Denkmalprogramm Neue Bundesländer (Buch u. Ausstellung)
- Allergenarm Bauen - Gesünder Wohnen (Forum 1992)
- Fürstengruft (Schiller-Goethe-Gruft), Weimar
- Stadtbad, Halle
- Gartenstadt Hellerau, Dresden-Hellerau
- Holländisches Viertel, Potsdam
- Schabbelhaus, Wismar

1990
- Stadtentwicklung bei zunehmender Bodenknappheit
- Wohneigentum und Familie
- Passiv-Haus, ebök - Meßprogramm
- Wohnungsbaufinanzierung und Perspektiven der Wohnungsnachfrage in den Neuen Bundesländern
- Der Wohngrundriß
- Privatisierung von in öffentlicher Hand befindlichen Wohnungen in der ehemaligen DDR
- Rechtsfolgen der Enteignungen von Grundbesitz und Wohngebäuden in der ehemaligen DDR 1949-1990
- Die Folgen früherer Enteignungen von Grundbesitz in der ehemaligen DDR
- Zukunft der Gegenwart
- Die Modernisierung des industriellen Wohnungsbaus in der ehemaligen DDR

Herausgeberin
Wüstenrot Stiftung
Hohenzollernstraße 45
71630 Ludwigsburg
Telefon +49 7141 . 16 4777
Telefax +49 7141 . 16 3900
info@wuestenrot-stiftung.de
www.wuestenrot-stiftung.de

Redaktion
Kristina Hasenpflug

Schlusskorrektorat
Marion Ross-Felix

Graphic Design
Joachim Mildner
www.joachimmildner.com

Pre-Press
Farbo PrePress
www.farbo-prepress.de

Druck
farbo print + media GmbH
www.farbo.de

Bindung
Ahrens-Reissig
www.ahrens-papierverarbeitung.de

ISBN 978-3-933249-08-1